"十四五"职业教育国家规划教材·城市轨道交通类

城市轨道交通车辆

主　编　刘亚磊
副主编　曹轩铭　马　超　李　淼

北京交通大学出版社

·北京·

内容简介

本书以介绍现代城市轨道交通车辆的基本结构和技术特点为主线,力求内容贴合工程实际,语言通俗易懂,满足多学科交叉背景下的教学需求。

全书共 11 个模块:认识车辆、车体、客室及司机室、车门、转向架、车辆连接装置、电气牵引传动系统、辅助供电系统、受流装置、风源及制动系统、车辆空调系统、列车网络控制系统。

本书可作为高等职业院校城市轨道交通专业教材,也可作为城市轨道交通行业管理人员、工程技术人员及大专院校和中等职业学校城市轨道交通类专业的学习参考用书。

版权所有,侵权必究。

图书在版编目(CIP)数据

城市轨道交通车辆/ 刘亚磊主编. —北京:北京交通大学出版社,2019.4(2024.8 重印)
ISBN 978-7-5121-3885-8

Ⅰ. ①城… Ⅱ. ①刘… Ⅲ. ①城市铁路-铁路车辆-高等职业教育-教材
Ⅳ. ①U239.5

中国版本图书馆 CIP 数据核字(2019)第 065668 号

城市轨道交通车辆
CHENGSHI GUIDAO JIAOTONG CHELIANG

策划编辑:陈跃琴
责任编辑:陈可亮

出版发行:北京交通大学出版社	电话:010-51686414 http://www.bjtup.com.cn
地　　址:北京市海淀区高梁桥斜街 44 号	邮编:100044
印　刷　者:北京鑫海金澳胶印有限公司	
经　　销:全国新华书店	
开　　本:185 mm×260 mm　　印张:12.5　　字数:312 千字	
版　　次:2024 年第 1 版第 10 次印刷	
书　　号:ISBN 978-7-5121-3885-8/U·363	
印　　数:16 501 ~ 18 500 册　　定价:48.00 元	

本书如有质量问题,请向北京交通大学出版社质监组反映。对您的意见和批评,我们表示欢迎和感谢。
投诉电话:010-51686043,51686008;传真:010-62225406;E-mail:press@bjtu.edu.cn。

前言 PREFACE

随着我国城市化进程的加快，交通拥堵问题已成为当前我国各大城市发展的"瓶颈"。城市轨道交通对于改善现代城市交通拥堵局面，调整和优化城市布局，促进国民经济发展发挥着重要作用。"十三五"期间，国家加大了城市轨道交通建设的资金投入。截至2018年6月30日，我国北京、上海、广州、南京等35座城市开通运营轨道交通线路，共173条线路，总里程高达4 983.25 km，车站3 380座。预计到2020年，我国轨道交通运营里程将达到7 700 km，城市轨道交通建设已进入了一个高速发展时期。

城市轨道交通车辆是城市轨道交通的运输载体，是行车组织工作的直接对象。现代城市轨道交通车辆的技术含量较高，车辆的数量、种类和技术水平直接影响城市轨道交通的安全性和服务质量。同时，车辆的运行是一个多专业、多工种的配合工作，是围绕安全行车这一中心而组成的有序联动、时效性极强的系统。因此，城市轨道交通各相关专业都有必要学习车辆相关的基础知识。

全书共11个模块，紧扣高等职业教育的特点，由浅入深地介绍了城市轨道交通的发展简史及车辆的基本知识，车体、客室及司机室，车门，转向架，车辆连接装置，电气牵引传动系统，辅助供电系统，受流装置，风源及制动系统，车辆空调系统，列车网络控制系统等内容。本书可作为高等职业院校城市轨道交通专业教材，也可作为城市轨道交通行业管理人员、工程技术人员及大专院校和中等职业学校城市轨道交通类专业的学习参考用书。

本书由北京交通职业技术学院刘亚磊主编,北京交通职业技术学院曹轩铭、马超、李淼任副主编,具体分工如下:模块1、模块4、模块11由刘亚磊编写,模块2、模块3、模块5、模块9由曹轩铭编写,模块7、模块8、模块10由马超编写,模块6由李淼编写。全书由刘亚磊统稿。北京地铁运营公司的齐超、于海涛等对本书进行了审阅、修改和校对。全书在编写过程中得到了北京地铁运营公司、广州地铁集团有限公司的大力支持,在此表示衷心的感谢!

由于我国城市轨道交通车辆的发展日新月异,书中的资料和数据与实际设备可能存在个别差异,仅供参考。鉴于编者水平有限,书中难免有不足之处,恳请读者批评指正。

编　者

2018年12月

目录 CONTENTS

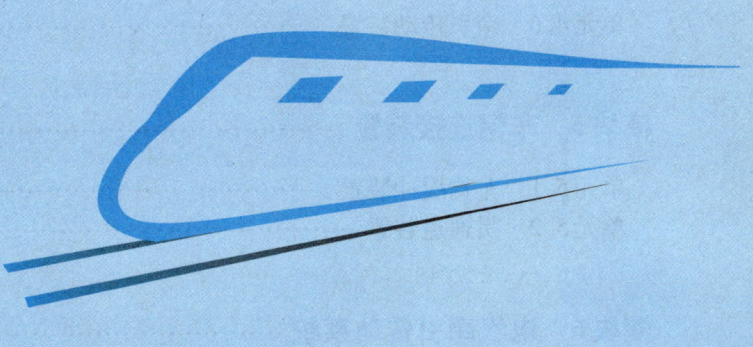

模块 1　认识车辆 ... 1

单元 1.1　城市轨道交通的发展简史 ... 1
单元 1.2　城市轨道交通车辆的基本知识 ... 12
单元 1.3　车辆限界 ... 22

模块 2　车体、客室及司机室 ... 26

单元 2.1　认识车体 ... 26
单元 2.2　熟悉客室布置 ... 32
单元 2.3　熟悉司机室布置 ... 36

模块 3　车门 ... 45

单元 3.1　认识车门 ... 45
单元 3.2　车门控制及故障处理 ... 52

模块 4　转向架 ... 64

单元 4.1　认识转向架整体 ... 64
单元 4.2　构架 ... 70
单元 4.3　轮对与轴箱 ... 72
单元 4.4　弹簧减振装置 ... 78

单元 4.5　中央牵引装置 ·· 85
单元 4.6　牵引传动装置 ·· 87

模块 5　车辆连接装置 ·· 94
单元 5.1　车钩缓冲装置 ·· 94
单元 5.2　贯通道装置 ·· 105

模块 6　电气牵引传动系统 ···································· 110
单元 6.1　电气控制系统 ··· 110
单元 6.2　牵引传动系统 ··· 117

模块 7　辅助供电系统 ·· 126
单元 7.1　辅助供电系统组成及原理 ···························· 126
单元 7.2　辅助逆变器 ·· 129

模块 8　受流装置 ·· 134
单元 8.1　接触轨受流装置 ······································ 134
单元 8.2　受电弓受流装置 ······································ 139

模块 9　风源及制动系统 ······································ 144
单元 9.1　风源系统 ··· 144
单元 9.2　制动系统 ··· 153

模块 10　车辆空调系统 ·· 167
单元 10.1　空调系统的设计要求 ······························· 167
单元 10.2　车内空气参数的设定 ······························· 171
单元 10.3　空调系统的构成 ···································· 174

模块 11　列车网络控制系统 ·································· 181
单元 11.1　列车网络控制系统原理 ···························· 181
单元 11.2　列车网络控制系统应用 ···························· 187

参考文献 ··· 194

模块 1　认识车辆

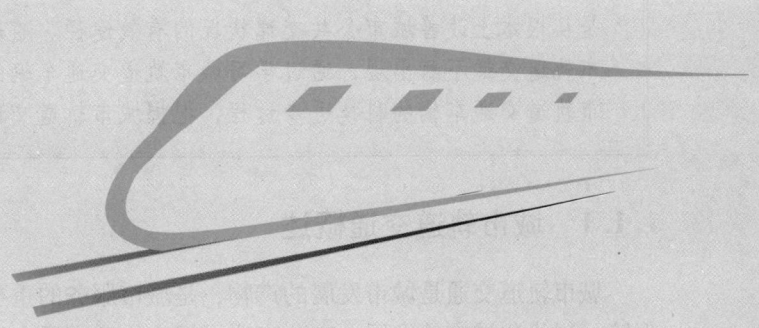

单元 1.1　城市轨道交通的发展简史

【学习目标】

(1) 了解车辆在城市轨道交通中的作用；
(2) 熟悉城市轨道交通的类型；
(3) 熟悉城市轨道交通车辆的发展简史。

【学习引入】

　　城市中使用车辆在固定导轨上运行并主要用于城市客运的交通系统称为城市轨道交通。在我国国家标准《城市公共交通常用名词术语》中，将城市轨道交通定义为"通常以电能为动力，采取轮轨运输方式的快速大运量公共交通的总称"。
　　轨道交通很早就作为公共交通在城市中出现并起着越来越重要的作用。经济发达国家城市的交通发展历史告诉我们，只有采用大客运量的城市轨道交通系统，才

> 是从根本上改善城市公共交通状况的有效途径。随着社会和城市的发展，新型的城市轨道交通不断出现，通过学习城市轨道交通车辆的发展简史，有助于我们了解城市轨道交通车辆的科技进步过程，把握城市轨道交通的发展方向。

1.1.1 城市轨道交通概述

城市轨道交通是城市发展的产物，是城市服务的重要环节，也是城市可持续发展的基本保障。现代化城市的发展，充分表明了城市轨道交通在城市发展的进程中起到了极其重要的作用。截至 2018 年 6 月 30 日，我国北京、上海、广州、南京等 35 座城市开通运营轨道交通线路，共 173 条线路，总里程高达 4 983.25 km，车站 3 380 座。预计到 2020 年，我国轨道交通运营里程将达到 7 700 km。城市轨道交通以其无可比拟的优势，越来越赢得城市交通管理者和市民的青睐，正逐渐成为城市最主要的交通工具。目前，北京、上海、广州 3 个城市的轨道交通承担公共交通客运比例超过了 50%。截至 2018 年底，北京城市轨道交通运营总里程已突破 636.8 km。到 2020 年，北京地铁将形成由 30 条运营线组成，总长 1 177 km 的轨道交通网络。图 1-1 所示为北京城市轨道交通线网图。

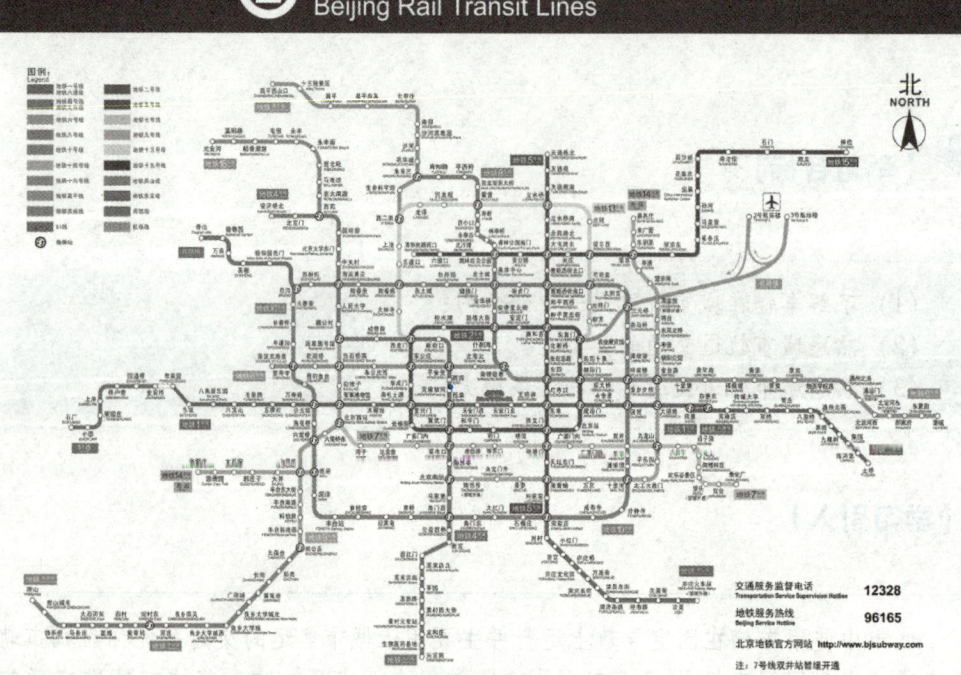

图 1-1 北京城市轨道交通线网图

城市轨道交通是属于集多专业、多工种、多设备于一身的复杂系统，犹如一台"大联动机"，通常由轨道线路、车站、车辆、检维修基地、供电、通信、信号、机电、指挥控制中心等组成。城市轨道交通的运输组织、功能实现、安全保障均应遵循轨道交通的客观规律。在运输组织上要实行集中调度、统一指挥、按运行图组织行车。在功能实现方面，如线路、车站、隧道、车辆、供电、通信、信号、机电设备及消防系统均应保证状态良好，运行正常。在安全保证方面，主要依靠行车组织和设备正常运行，来保证必要的行车间隔和正确的行车线路。

车辆是城市轨道交通的运输载体，是行车组织工作的直接对象。现代城市轨道交通车辆的技术含量较高，车辆的数量、种类和技术水平直接影响城市轨道交通的安全性和服务质量。与其他交通工具相比较，城市轨道交通车辆具有载客能力强、安全可靠性高、动力性能好、环境条件优、牵引灵活等特点。

车辆的运行是一个多专业、多工种的配合工作，是围绕安全行车这一中心而组成的有序联动、时效性极强的系统。为了保证列车的运行安全及高时效性，在集中调度、统一指挥的原则下，行车组织、设备、车辆检修、设备运行管理、安全保证等均由一系列规章制度来规范。

1.1.2 城市轨道交通的类型

随着科学技术的进步和社会的发展，城市轨道交通形式已经出现多元化的局面。总体来说，城市轨道交通按运能范围、车辆类型及主要技术特征分为地下铁道、轻轨交通、独轨铁路、市域铁路、有轨电车、磁悬浮交通及自动导向交通系统等。

1. 地下铁道

地下铁道简称地铁（metro 或 underground railway 或 subway 或 tube），原指在地下运行的城市轨道交通系统，但随着城市轨道交通系统的发展，还有在城市中心以外，从地下转到地面或高架桥上敷设的方式。

地铁是由电力牵引，轮轨导向，轴重相对较重，具有一定规模运量，按运行图行车，车辆编组运行在地下、地面或高架的轨道交通系统。车辆的驱动方式有直流电机、交流电机和直线电机驱动等。图1-2所示为北京地铁车辆。

图1-2 北京地铁车辆

2. 轻轨交通

轻轨交通简称轻轨（light rail transit，LRT），是反应在轨道上的载荷相对于铁路和地铁的载荷较轻的一种城市轨道交通系统。国际公共交通联合会（UITP）关于轻轨运营系统的解释文中提到：轻轨是一种使用电力牵引，介于标准有轨电车和快运交通系统（包括地铁和城市铁路）之间，用于乘客运输的一种轨道交通系统。图1-3所示为天津滨海轻轨。

图1-3 天津滨海轻轨

轻轨原来的定义是指采用轻型轨道的城市轨道交通系统，以前使用的是轻型钢轨，现在轻轨已采用与地铁相同质量的钢轨。轻轨与地铁的区别主要体现在车辆宽度、远程单向最大高峰小时客运量、曲线半径、造价和轴重上，详见表1-1。

表1-1 轻轨与地铁的区别

	轻 轨	地 铁
车辆宽度	2.6 m 的列车宽度	3 m、2.8 m 的列车宽度
客运量	远程单向最大高峰小时客运量为1.5万~3.0万人次	远程单向最大高峰小时客运量为3.0万~6.0万人次
造价	造价约1.5亿元/km	造价高达4亿~6亿元/km
曲线半径	轻轨的平面曲线半径一般在100~200 m	地铁的平面曲线半径不小于300 m
轴重	轻轨的轴重要小于13 t	地铁的轴重普遍大于13 t

3. 独轨铁路

独轨铁路又称单轨铁路（monorail），是指列车在一根轨道上运行的城市轨道交通系统。根据其支撑方式的不同，通常分为跨座式（见图1-4）和悬挂式（见图1-5）两种。独轨铁路一般使用道路上部空间，需要的专用空间较小，可以适应急转弯和大坡度道路条件，其投资小于地铁系统，但道岔结构复杂，发生事故时疏散和救援工作都比较困难。独轨列车一般使用橡胶轮。

图1-4 重庆跨座式单轨2号线

图1-5 日本千叶市悬挂式单轨

4. 市域铁路

市域铁路也叫市郊铁路（suburban railway），是将市区与郊区，以及城市周围几十公里甚至更大范围的远郊地区（卫星城镇或城市圈）连接在一起的铁路或轨道交通。市郊铁路一般与干线铁路设有联络线，设备与干线铁路相同，线路大多建在地面，部分建在地下或高架。市郊铁路通常由电力牵引或内燃牵引，列车编组多在4~10辆，最高速度可达100~120 km/h，如图1-6所示。

图 1-6　北京市郊铁路 S2 线

5. 有轨电车

有轨电车（tram 或 streetcar）是一种使用电力牵引、轮轨导向、按照 1~3 辆车编组运行在城市路面线路上的低运量城市轨道交通系统。有轨电车是最早发展的城市轨道交通之一，由于其与汽车和行人等共用街道路权，故所受干扰多、速度较慢。传统的有轨电车已经很少见，现在多数被改良为现代有轨电车（见图 1-7）。

图 1-7　北京城市轨道交通有轨电车

6. 磁悬浮交通

磁悬浮交通（magnetic levitation for transportation）是一种非轮轨黏着传动、悬浮于线路

之上的新型轨道交通系统。磁悬浮列车是一种现代高科技轨道交通工具，它通过电磁力实现列车与轨道之间的无接触的悬浮和导向，再利用直线电机产生的电磁力牵引列车运行。磁悬浮列车具有高速、安全、舒适、节能、环保、维护简单、占地少等特点。图1-8为北京城市轨道交通磁悬浮S1线。

图1-8　北京城市轨道交通磁悬浮S1线

7. 自动导向交通系统

自动导向交通系统（automated guideway transit，AGT）是利用导轨和导轮导向、自动控制运行的新型轨道交通系统（见图1-9）。其一般采用混凝土或钢质导轨、橡胶轮胎，由导向轮引导车辆运行，列车自动运行控制，可实现无人驾驶。

图1-9　上海APM线

1.1.3 城市轨道交通的发展简史

轨道交通很早就作为公共交通在城市中出现,从最初的有轨马车的出现,发展到现代多样化的城市轨道交通车辆,大约经历了200多年的历史。

1. 有轨马车

世界上第一条有轨马车(见图1-10)于1827年出现在纽约百老汇大街上。法国工程师罗伯特(E. Loubat)在1853年把它引进巴黎,由于它比无轨马车更有效率、更舒适,因而大受欢迎。到1879年,大巴黎区已有38条有轨马车路线。有轨马车是现代城市轨道交通的雏形。

图1-10 有轨马车

2. 蒸汽机车

1804年,英国人理查德·特雷维塞克设计制造了蒸汽机车"新城堡"号,成功行驶在默尔瑟到阿伯西昂的轨道上。1825年,由设计者斯蒂芬森亲自驾驶"旅行者"号蒸汽机车(见图1-11),从伊库拉因车站到达斯托克顿,标志近代铁路运输的开端。

图1-11 "旅行者"号蒸汽机车

图 1-11 "旅行者"号蒸汽机车（续）

3. 第一条地铁

1863 年 1 月 10 日，世界公认的第一条地铁——"伦敦大都会铁路"开通，这是一条由英国律师皮尔逊（Charles Pearson）鼓动并投资建设的地下城市铁路（metropolitan railway）（见图 1-12）。这条地铁从帕丁顿到弗灵顿，总长 6 km。动力是由向英国铁路公司租借的蒸汽机车提供。皮尔逊因此被誉为"地铁之父"。"Metro"也成了世界上绝大多数国家城市轨道交通的标志和代号。

图 1-12 世界第一条地铁

4. 第一条高架轨道交通线

1870 年，美国纽约第一条在曼哈顿格林威治大街及第九大道的高架快速轨道交通线开始运营。

5. 第一条电气化铁路

1881 年，德国研制出架空接触导线供电系统，使电动车辆的供电线路由地面转向空中，电动车辆的电压和功率都大大提高。1890 年，英国首次用电力机车牵引车辆（见图 1-

13)。地下铁道也改用电力牵引,地铁的环境条件大为改善。

图 1-13 第一条电气化铁路

6. 有轨电车系统

1888 年,美国弗吉尼亚州的里士满市建立了世界上第一个投入商业运行的有轨电车系统(见图 1-14)。20 世纪初进入了有轨电车的黄金时代,在 20 世纪 20 年代,美国的有轨电车线路总长 25 000 km。到 20 世纪 30 年代,欧洲、日本、印度和中国的有轨电车也有了很大发展。

图 1-14 美国最早的有轨电车

7. 我国第一条有轨电车

1908 年,我国第一条有轨电车在上海建成通车。1909 年,大连市也建成了有轨电车(现代大连有轨电车见图 1-15)。随后,北京、天津、沈阳、哈尔滨、长春等城市相继修建了有轨电车线路,也在当时的城市公共交通中发挥了骨干作用。

图 1-15　大连有轨电车

8. 以地铁为代表的现代城市轨道交通

从 20 世纪末至今，城市的地面交通拥堵成为人们出行的主要问题，以电力驱动为主的地铁、轻轨、独轨等大运量、立体化的交通形式占据了主导地位，解决了城市交通问题。城市轨道交通发展到今天，已形成多样化、大运量、立体化、现代化的城市轨道交通网络。

由于流动人口及汽车的猛增，城市交通量急骤增长。城市道路的相对有限性与汽车生产的相对无限性产生了尖锐的矛盾：汽车可以用流水线生产，道路却不能；汽车可以进口，道路却不能。总之，汽车带来了交通阻塞、事故频繁、能源过度消耗、尾气与噪声污染等一系列社会问题。这些问题制约着城市经济的发展，也影响着市民生活质量的提高。所以人们开始反思。

反思的结果得出了两条结论：一是不限制汽车的生产，但在时间和空间上对汽车的使用加以限制；二是加快发展立体化的快速轨道交通。人们已经认识到，城市交通问题的产生不在于小汽车的拥有上，而在于小汽车的使用不当和过度使用上。城市管理者必须在时间和空间上对小汽车的使用加以限制。所以大中城市中的小汽车并不是上下班的交通工具，而是休闲工具。

回顾城市轨道交通的发展历程，不难看出有一个否定之否定的发展过程：有轨电车从大发展到大拆除；然后汽车登上历史舞台，逐渐成了城市交通的主角；到 20 世纪末，以地铁和轻轨为代表的现代城市轨道交通又恢复了它的主导地位。这是个螺旋式的上升过程。

【课后练习】

一、选择题

1. 下列不属于城市轨道交通的是（　　）。
    A. 有轨电车　　　　B. 市域铁路　　　　C. 城际快轨　　　　D. 地铁

2. 世界最早修建地铁的城市是（　　）。
   A. 纽约　　　　　B. 莫斯科　　　　C. 伦敦　　　　　D. 巴黎
3. 中国最早修建地铁的城市是（　　）。
   A. 北京　　　　　B. 上海　　　　　C. 广州　　　　　D. 天津

二、填空题

1. 城市轨道交通系统通常由_____、_____、_____、_____、_____、_____、_____和指挥控制中心等组成。
2. 世界上公认的蒸汽机车之父是_____国的工程师_____。

三、论述题

查阅资料，选择中国目前开通城市轨道交通的一个城市，介绍该城市轨道交通的发展历程。

■ 单元1.2　城市轨道交通车辆的基本知识

【学习目标】

(1) 了解城市轨道交通车辆的特点及分类；
(2) 掌握城市轨道交通车辆的总体组成；
(3) 掌握城市轨道交通车辆的基本参数；
(4) 了解城市轨道交通车辆的编组与标识。

【学习引入】

人们出行所乘坐的地铁，以其大运量和准点性成为越来越多人通勤的首选方式。地铁车辆从外观上看基本相同，但其具体结构因城市的不同、线路的不同、生产厂家的不同而有所区别。车辆的动力来自哪里呢？为什么有些车顶上带着可升降的弓，而有些车没有呢？每列车上的编号是什么含义呢？带着这些疑问来学习车辆的基本知识吧。

1.2.1 城市轨道交通车辆的特点

车辆是城市轨道交通系统中完成乘客运输任务的直接工具，它具有以下特点：

（1）载客能力强。大型地铁车辆可达 350 人/辆。

（2）动力性能好。城市轨道交通车辆速度快，加速能力强，制动效果好。

（3）安全可靠性强。城市轨道交通车辆设备先进，故障率低，稳定性和可靠性强，突发情况下适应性强。

（4）环境条件好。城市轨道交通车辆具有照明、空调、座椅、扶手等设施，乘坐舒适性好。

（5）灵活的牵引特征。根据不同的线路特征，可采用不同的牵引方式，即动力集中牵引和动力分散牵引。

（6）节能环保。车辆牵引动力常用电力牵引，不会对环境造成污染。

1.2.2 城市轨道交通车辆的分类

1. 按供电方式和受电方式分类

按照供电方式的不同，城市轨道交通分为架空接触网供电和接触轨供电两种形式。对应的列车按受电方式不同就可以分为受电弓受电车辆和集电靴受电车辆，如图 1-16、图 1-17 所示。

图 1-16 采用受电弓受电车辆

图 1-17 采用集电靴受电车辆

2. 按牵引动力配置分类

城市轨道交通车辆按牵引动力配置分为动车（motor）和拖车（trailer），现代城市轨道交通列车均为电动车组，由动车（M）和拖车（T）组成。

动车自身具有动力装置（装有牵引电机），具有牵引与载客双重功能，动车又可分为带有受电弓的动车和不带受电弓的动车。

拖车不装备动力装置，需具有动力牵引功能的车辆牵引拖带，仅有载客功能，可设置司机室，也可带受电弓。

3. 按车辆规格分类

城市轨道交通车辆按车辆规格分为 A 型车、B 型车、C 型车。

A 型车为高运量地铁车辆的基本车型,车宽为 3 m;B 型车为大运量地铁车辆,车宽为 2.8 m;C 型车为轻轨车辆的基本车型,车宽为 2.6 m。A 型车轴重较大,载客人数较多,车体尺寸较大;B 型车相对 A 型车各项指标值均较小;C 型车更小。

1.2.3 城市轨道交通车辆的总体组成

城市轨道交通车辆尽管形式不同,但基本上都是由车体、转向架、车辆连接缓冲装置、车辆制动系统、受流装置、车辆电气系统及车辆内部设备等组成。

1. 车体

车体分有司机室车体和无司机室车体两种,其主要是容纳乘客和提供司机驾驶的场所,又是安装与连接其他设备和部件的基础。现代城轨车辆均采用整体承载的钢结构或轻金属结构,以达到满足强度、刚度要求的同时,最大限度地减轻自重的目的。它由车顶、侧墙、端墙、底架、车门及车窗等组成。

2. 转向架

转向架安装于车体和轨道之间,用于支撑、引导车体沿轨道行驶,传递并缓和来自车体及线路的各种载荷。它是保证车辆运行品质的关键部件,一般由构架、轮对、轴箱装置、弹簧悬挂装置和制动装置等组成,有动力转向架和非动力转向架之分。

3. 车辆连接缓冲装置

车辆连接缓冲装置包括车钩缓冲装置和贯通道。车钩缓冲装置起着传递牵引与制动力、缓和车辆间纵向冲击的作用,同时还起着联系车辆之间的电路和气路的作用。贯通道是车辆与车辆之间的客室连接通道。

4. 车辆制动系统

车辆制动系统的主要作用是用以产生制动力,保证运行中的列车按需要减速或在规定的距离内安全停车,以及防止静止的车辆溜走,保证行车安全。城轨车辆制动系统拖车上只安装空气制动装置,动车除安装有空气制动装置外还有再生制动、电阻制动装置,此外有的车辆还装有磁轨制动装置、液压制动装置等。空气制动系统一般由电子制动控制单元、空气制动控制单元和基础制动单元(盘形制动或踏面制动)三部分组成。

5. 受流装置

将接触网或导电轨的电能引入车辆的装置称为受流装置。城轨车辆供电有 DC 750 V 和 DC 1 500 V 两种制式。受流装置按受流方式可分为以下 5 种:(1) 杆形受流器;(2) 弓形受流器;(3) 侧面受流器;(4) 轨道式受流器;(5) 受电弓受流器。

6. 车辆电气系统

车辆电气系统包括车辆上的各种电气设备及其控制电路。按其作用和功能可分为主电路、辅助电路和控制电路三个子系统。

7. 车辆内部设备

车辆内部包括服务乘客的设备和服务于车辆运行的设备。

（1）服务乘客的设备：照明、取暖、空调、座椅、吊环等。

（2）服务于车辆运行的设备：蓄电池箱、斩波器、逆变器、空压机组制动控制单元及储风缸等。

1.2.4 城市轨道交通车辆的主要技术参数

车辆的技术参数分为性能参数与主要尺寸两部分，主要用来概括车辆技术规格的相关指标，从而从总体上对车辆性能及结构进行表征。

1. 车辆性能参数

（1）自重、载重：空车时，车辆自身的全部质量称为车辆的自重。车辆允许的正常最大装载质量称为车辆载重。

（2）构造速度：是指车辆设计时，按安全及结构强度等要求设计的允许车辆最高行驶速度。

（3）轴重：是指按车轴形式，在某个运行速度范围内该轴允许负担的并包括轮对自身在内的最大总质量。

（4）每延米轨道载重：是指车辆设计中与桥梁、线路强度密切相关的一个指标，同时又是能否充分利用站线长度、提高运输能力的一个指标，其数值是车辆总质量与车辆全长之比。

（5）通过最小曲线半径：是指配用某种形式转向架的车辆在站场或厂、段内调车时所能安全通过的最小曲线半径。

（6）轴配置或轴列数：是指车辆在所配转向架动轴或非动轴配置情况。若是4轴动车，设两台动力转向架，则轴配置记为B—B；若是6轴单铰轻轨车，两端为动力转向架，中间为非动力铰接转向架，其轴配置记为 B—2—B。

（7）列车平稳性指标：反映车辆振动对人体感受造成影响的主要指标，其值越大，说明车辆的稳定性越差，一般要求城轨车辆的平稳性指标值应小于2.7。

（8）冲击率：由于工况改变引起的列车中各车辆所受到的纵向冲击，以加速度变化率（m/s^3）来衡量。要求城轨车辆的纵向冲击率不得超过 $1\ m/s^3$。

（9）制动形式：有摩擦制动、再生制动、电阻制动、磁轨制动、液压制动等多种形式。

（10）转向架安全性指标：反映转向架运行平稳、稳定性能的指标，包括脱轨系数、倾覆系数、轮重减载率等。

（11）座席数及每平方米地板面站立人数。城市轨道交通车辆一般有4种载客工况：

AW_0 为空车，AW_1 为座席，AW_2 为定员，AW_3 为超员。座席数一般为 55~65 人，站立数一般为 250 人。超载时乘客总数以 9 人/m^2 计算。

2. 车辆尺寸参数

（1）车辆全长：车辆前、后两车钩联挂中心线之间的距离称为车辆全长。

（2）车体长度和底架长度：车体长度为车体两外端墙板（非压筋处）外表面间的水平距离。底架长度为底架两端梁外表面间的水平距离。

（3）车辆宽度与最大宽度：车辆宽度指车辆两侧的最外凸出部位之间的水平距离。车辆最大宽度指车辆侧面的最外凸出部位与车体纵向中心线间的水平距离的两倍。

（4）车辆高度与最大高度：空车时，车体上部外表面至轨面的垂直距离为车辆高度。车辆最大高度指空车时车辆上部最高部位至轨面的垂直距离。

（5）车体内部主要尺寸：车体内长是指车体两端墙板内表面间的水平距离；车体内宽是指车体两侧墙板内表面间的水平距离；车体内侧面高是指地板上平面至侧墙上侧梁的上平面间的垂直距离；车体内中心高是指由地板上平面至车顶中央部内表面间的垂直距离。

（6）地板面高度：空车时，底架地板上表面至轨面的垂直距离。取新造或修竣后空车的数值。上海地铁车辆地板面高为 1 130 mm，北京地铁车辆地板面高为 1 053 mm。

（7）车钩中心线高度：空车时，车钩中心线至轨面的垂直距离。取新造或修竣后空车的数值。列车中各车辆的钩高基本一致，从而保证车辆联挂和运行平稳。广州、上海地铁车辆钩高 770 mm，北京地铁车辆钩高 660 mm。

（8）车辆定距：一辆车两转向架中心之间的距离。车辆定距是车辆计算中不可缺少的技术参数。一般在制造车辆时，取车体长度与定距之比为 1.4:1，比例过大时易引起牵引梁下垂。但也不可过小，否则会造成通过曲线线路时，车体中部偏移量过大。

（9）固定轴距：一个转向架最前位车轴和最后位车轴中心线间的水平距离。

城市轨道交通各规格车辆的主要指标见表 1-2。

表 1-2 城市轨道交通各规格车辆的主要指标

序号	项目名称		A 型车	B 型车	C 型车		
			4 轴车	4 轴车	4 轴车	6 轴车	8 轴车
1	车辆基本长度/m		22	19	18.9	22.3	29.5
2	车辆基本宽度/m		3	2.8	2.6		
3	车辆高度	受流器车（空调/无空调）/m	3.8/3.6	3.8/3.6	3.7/3.25		
		受电弓车（落弓高度）/m	3.8	3.8	3.7		
		受电弓工作高度/m	3.9~5.6				
4	车内净高/m		2.10~2.15				
5	地板面高/m		1.1		0.95		
6	车辆定距/m		15.7	12.6	11	7.2	
7	固定轴距/m		2.2~2.5	2.1~2.2	1.8~1.9		
8	车轮直径/mm		840		760		

续表

序号	项目名称		A 型车 4轴车	B 型车 4轴车	C 型车 4轴车	C 型车 6轴车	C 型车 8轴车
9	车门数/（个/侧）		5	4	4	4	3
10	车门宽度/m		≥1.3				
11	车门高度/m		≥1.8				
12	定员人数/人	单司机室车	295	230	200	240	315
12	定员人数/人	无司机室车	310	245	210	250	325
13	车辆轴重/t		≤16	≤14	≤11	≤11	≤11
14	站立人员标准	定员/（人/m²）	6				
14	站立人员标准	超员/（人/m²）	9				
15	最高运行速度/（km/h）		≥80	≥80	≥70	≥70	≥70
16	起动平均加速度/（m/s²）		≥0.9	≥0.9	≥0.85	≥0.85	≥0.85
17	常用制动减速度/（m/s²）		1.0	1.0	1.1	1.1	1.1
18	紧急制动减速度/（m/s²）		1.2	1.2	1.3	1.3	1.3
19	噪声/dB(A)	司机室内	≤72	≤72	≤70	≤70	≤70
19	噪声/dB(A)	客室内	≤72	≤72	≤75	≤75	≤75
19	噪声/dB(A)	车外	80~85（站台）	80~85（站台）	≤82	≤82	≤82

注：C 型车包括低地板车。"低地板"是轻轨车辆的一个专用词语，指车辆地板距离轨道面小于 40 cm 的轻轨车辆。

1.2.5 城市轨道交通车辆的编组及标识

1. 列车编组

列车在运营时一般采用动拖结合、固定编组，形成电动列车组（动车组）。动车和拖车通过车钩连接而成的一个相对固定的编组称为一个（动力）单元，一列车可以由一个或几个单元编组而成。具体编组形式可采用全动车形式或动拖车有机结合的固定编组形式。无论采用何种编组形式，每列车的首车和尾车必须带有司机室。

随着车辆技术的不断发展，牵引电机单位体积的功率越来越大，车体宽度及车长也在加大。相对来说，列车编组的最大辆数也相对减少。采用全动车编组，理论上的好处是摘编方便、编组灵活，但现在城轨列车大多采用动拖结合的混编方式。我国地铁列车编组形式为：6 辆编组主要为"三动三拖"和"四动二拖"，4 辆编组主要为"二动二拖"。例如，北京地铁 SFM13 型车辆采用由 2 个动力单元组成的 6 辆编组，如图 1-18 所示，编组方式如下：

$$= \text{Tc1} * \text{M1} * \text{M2} * \text{M3} * \text{M4} * \text{Tc2} =$$

其中，"="表示半自动密接式车钩，"*"表示半永久棒式车钩。

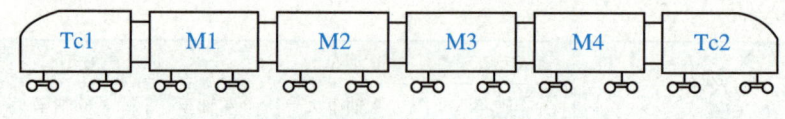

图 1-18 列车编组示意图

Tc 车为带司机室的拖车,M 为动车,Tc1、Tc2、M1、M2、M3、M4 车的车下设备不同,如表 1-3 所示。

表 1-3　Tc 车及 M 车车下设备

车型	牵引系统设备及管线	辅助系统设备及管线	制动系统设备及管线	空气压缩机	扩展供电装置	蓄电池箱
Tc1		√				√
M1	√		√	√		
M2	√		√			
M3	√		√		√	
M4	√		√	√		
Tc2		√	√			√

目前,北京地铁运营线路的编组及车型形式如表 1-4 所示。

表 1-4　北京地铁运营线路的编组及车型形式

序号	线路	编组	序号	线路	编组
1	1 号线	6B	12	15 号线	6B
2	2 号线	6B	13	16 号线	8A
3	4 号线	6B	14	八通线	6B
4	5 号线	6B	15	大兴线	6B
5	6 号线	8B	16	亦庄线	6B
6	7 号线	8B	17	房山线	6B
7	8 号线	6B	18	昌平线	6B
8	9 号线	6B	19	机场线	L4
9	10 号线	6B	20	燕房线	4B
10	13 号线	6B	21	西郊线	C5
11	14 号线	6A	22	S1 线	L6

2. 车辆编号

一般每节城轨车辆都有固定的编号,不同城市在不同时期的城市轨道交通车辆编号原则不尽相同。

1) 北京地铁车辆编号规则

(1) 北京地铁老线车辆编号规则为:"车辆段缩写 + 列车类型 + 顺序编号(2 位) + 车厢序号"。车号 T4103 的编号含义如图 1-19 所示。北京地铁首字母表示车辆段代号,如 S 代表四惠车辆段,T 代表太平湖车辆段,W 代表万柳车辆段。列车类型由一位数字表示,如

1表示凸轮调压，2表示斩波调阻，3表示斩波调压，4表示调频调压。

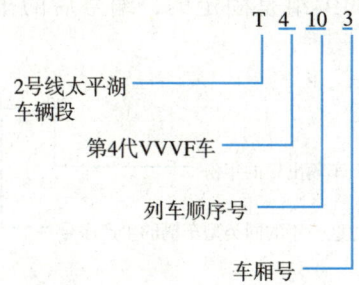

图1-19 北京地铁老线车辆编号

（2）北京地铁新开通线路编号更加清晰易懂，一般用"线路号＋列车顺序号＋车厢号"表示，如图1-20所示。如080251表示北京地铁8号线25列车1号车厢，CP0061表示北京地铁昌平线第6列车1号车厢。

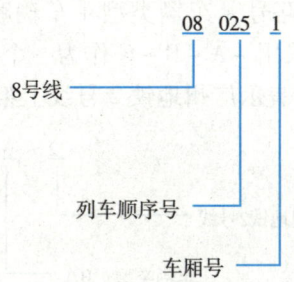

图1-20 北京地铁新线车辆编号

（3）北京京港地铁采用"车组编号＋车厢形式编号"的形式对车辆进行标号，如图1-21所示。如011Tc1表示北京地铁4号线第011车组1号含控制台的拖车车厢。

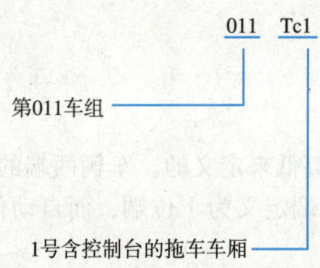

图1-21 北京京港地铁车辆编号

2）上海地铁车辆编号规则

上海地铁车辆一个编组单元分成三类：即A、B、C车（与上述按车体宽度分类的A型车、B型车、C型车不同）。A车为拖车，带有驾驶室。B车为动车，车顶有受电弓。C车为动车，车下有一套空气压缩机组。

上海地铁车辆的编号由五位数字组成，采用"YYCCT"的形式，其中YY为车辆出厂的年份，CC为出厂时这一年同类型车辆的生产序号，T为车辆类型代号（其中A车用1、B

车用2、C车用3），如图1-22所示。例如：94112为1994年出厂的第11辆车，其车辆类型为B。目前，上海地铁列车的编组是固定的，编号后的车辆在列车中的编组位置没有变化。

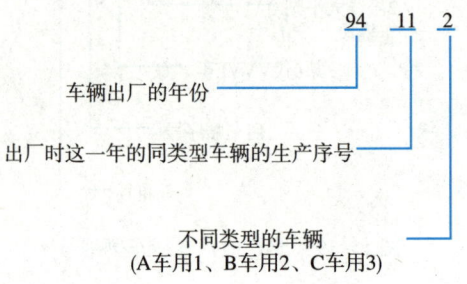

图1-22　上海地铁车辆编号

3）广州地铁车辆编号规则

广州地铁车辆采用"车辆线路号+车辆类型+车辆顺序号"的形式对车辆进行编号，如图1-23所示。由于广州地铁采用-A-B-C作为一个车辆编组单元，此处A、B、C表示车辆固定编组形式，所以2B50表示广州地铁2号线上第50单元中的B车。

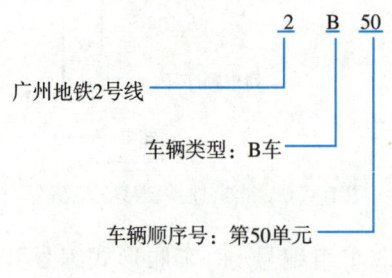

图1-23　广州地铁车辆编号

3. 车端、车侧

1）车端

车端是按车钩的自动化程度高低来定义的。车辆两端的车钩一般都为不同类型的车钩，自动化程度较高的车钩所在的　端定义为Ⅰ位端，而自动化程度较低的车钩端定义为Ⅱ位端，如图1-24所示。

2）车辆车侧

当人站立在车辆的Ⅰ位端面向Ⅱ位端时，人的左侧即为车辆的一位侧，人的右侧即为车辆的二位侧，如图1-24所示。

3）列车车侧

列车车侧定义与车辆车侧定义不同，列车的车侧是以司机驾驶列车的方位来定义的。当司机驾驶列车时，司机的右侧即为列车的右侧，司机的左侧即为列车的左侧，如图1-24所示。

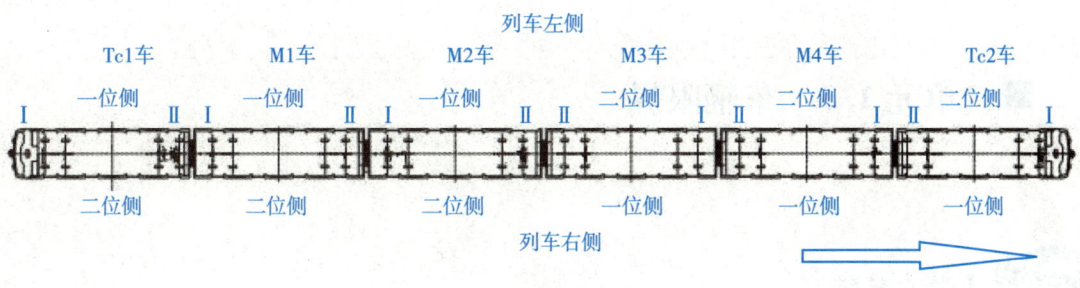

图 1-24 车端与车侧

【课后练习】

一、选择题

1. 车钩高指车钩中心线到（　　）的垂直距离。
   A. 路基　　　　B. 道床　　　　C. 钢轨上表面　　　　D. 车辆地板
2. A 型车辆的车宽为（　　）m。
   A. 2.6　　　　B. 2.7　　　　C. 2.8　　　　D. 3.0
3. 车辆的 I 位端为（　　）。
   A. 司机室的那端　　　　　　　B. 车钩自动化程度高的一端
   C. 车辆行驶方向的前端　　　　D. 任意一端

二、填空题

1. 城市轨道交通车辆按牵引动力配置分为_____和_____；按车辆规格分为_____、_____、_____；按受电方式不同可以分为_____和_____。
2. 车辆相邻两个转向架回转中心之间的距离称为_____，同一个转向架最前位车轴和最后位车轴中心线间的水平距离称为_____。
3. 北京地铁车辆编号 100861 表示的含义为：10 表示_____，086 表示_____，1 表示_____。

三、论述题

查阅资料，选择中国目前开通城市轨道交通 5 条线路以上的一个城市，制作该城市轨道交通信息表，如下所示。

××城市轨道交通信息表

线路	开通时间	起止站	车站总数	路线长度	建筑形式	最高速度	车辆类型	供电方式	列车编组

单元 1.3　车辆限界

【学习目标】

(1) 了解车辆限界的由来；
(2) 掌握车辆限界的含义；
(3) 熟悉建筑限界和设备限界的含义。

【学习引入】

  一条地铁线路开通运营，在土建、轨道等基建部分完成以后，需要经过冷热滑试验。冷滑试验是不带电检测线路，可以是标准车辆由轨道车牵引缓行，也可以是工程车加限界模具进行检测，冷滑的目的主要是检查线路沿线是否有侵限的物体。热滑试验是带电实车检测线路，一般都是标准车辆进行带电运行，热滑的目的主要是设备磨合，以及车辆、信号、通信等的现场调试。

  思考：图 1-25 所示为冷滑试验车，图中车体外的框代表什么？尺寸如何确定？

图 1-25　冷滑试验车

  限界是限制车辆运行及轨道周围建筑物超越的轮廓线。限界分车辆限界、设备限界和建筑限界3种。规定限界的目的是防止车辆在直线或曲线上运行时与各种建筑物及设备发生接触，以保证车辆安全通行。故必须用限界分别对车辆、设备及线路周围的建筑物的位置和尺寸加以限制。

1.3.1 车辆限界

车辆限界就是一个限制车辆横断面最大允许尺寸的轮廓图形。无论空车或重车在直线地段运行时，所有突出和悬挂部分都应容纳在限界之内，因此车辆限界是车辆正常运行状态下形成的最大动态包络线。

车辆及轨道线路各尺寸在具有最不利公差及磨耗时，车辆在运动中处于最不利位置，涉及由各要素引起的车辆各部位的统计最大偏移量均应容纳在轮廓内。《地铁设计规范》（GB 50157—2013）规定了钢轨钢轮、标准轨距系列的地铁限界，包括车辆限界。直线地段车辆限界分为隧道内车辆限界和高架或地面线车辆限界，后者应在前者的基础上，另加当地最大风载荷引起的横向和竖向偏移量。受电弓或受流器限界是车辆限界的组成部分。

车辆限界与建筑和设备之间，必须留出一定的、为确保行车安全所需的空间，这个空间考虑了以下因素：

(1) 车辆制造公差引起的上下、左右方向的偏移或倾斜。

(2) 车辆在名义载荷作用下弹簧受压引起的下沉，以及弹簧由于性能上的误差可能形成的超量偏移或倾斜。

(3) 由于各部分磨耗或永久变形而造成的车辆下沉，特别是左右侧不均匀磨耗或变形而引起的车辆倾斜或偏转。

(4) 由于轮轨之间及车辆自身各部分存在的横向间隙而造成车辆与线路间可能形成的偏移。

(5) 车辆在走行过程中因运动中力的作用而造成相对线路的偏移，包括曲线区段运行时实际速度与线路超高所要求的运行速度不一致而引起的车体倾斜，以及车辆振动中产生的上下、左右各个方向的位移。

(6) 线路在列车反复作用下可能产生的变形，包括轨道产生的随机不平顺现象等。

1.3.2 设备限界

地铁设备限界是基准坐标系中位于车辆限界外的一个轮廓线，是用以限制设备安装的控制线。除另有规定外，建筑物及地面固定设备的任一部分，即使涉及了它们的刚性和柔性运动在内，均不得向内侵入此限界，接触轨限界属于设备限界的辅助限界。

设备限界和车辆限界之间留有一定间隙，这个间隙主要作为未涉及因素的安全余量，按照限界制定时的规定，某些偏移量计入此间隙，计算车辆平面曲线上和竖曲线上的曲线偏移也计入这个间隙内。因此，设备限界在平面曲线上需要加宽，在竖曲线上需要加高。

1.3.3 建筑限界

建筑限界是基准坐标系中位于设备限界以外的一条轮廓线，是在设备限界基础上，考虑了设备和管线安装尺寸之后的最小有效断面。它规定了地下铁道隧道的形状、尺寸、位置，以及地面建筑物（包括接触网支柱、站台屏蔽门等）的位置，涉及施工误差、测量误差及结构永久变形在内，任何永久性建筑物均不得向内侵入此限界。建筑限界和设备限界之间的空间应能安排各种电缆线、消防水管及消防栓、动力箱、信号箱及信号灯、照明灯、扩音器、通风管、架空线、接触轨及其固定设备。地铁建筑限界应理解为建筑物的最小尺寸，比地铁建筑限界大的隧道、高架桥等建筑应认为是符合地铁建筑限界的。

车辆限界、设备限界和建筑限界的关系如图 1-26 所示。

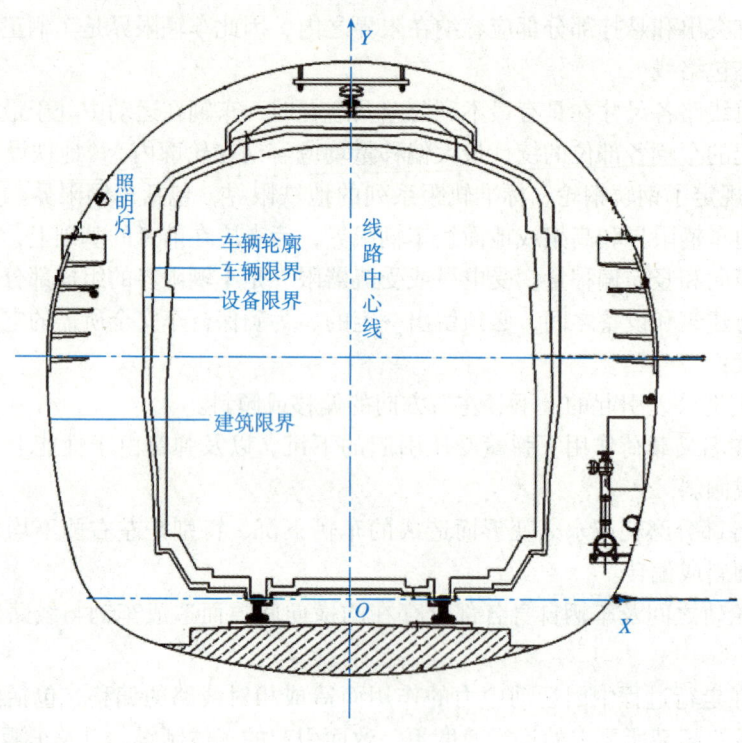

图 1-26 限界关系图

【课后练习】

一、选择题

1. 接触网的安装不能超过（　　）。
   A. 建筑限界　　　B. 设备限界　　　C. 车辆限界　　　D. 无要求
2. 车辆限界是（　　）。
   A. 车辆的最外部尺寸线
   B. 车辆在正常运行状态下形成的最大动态包络线
   C. 车辆的横断面
   D. 隧道横断面

二、填空题

1. 限界分为_____、_____和_____三种。
2. 受电弓或受流器是_____限界的组成部分。
3. 接触轨限界属于_____限界的辅助限界。
4. 设备安装与设备限界的关系：_____。

三、简答题

1. 车辆限界与车辆轮廓之间有什么区别？
2. 简述车辆限界、设备限界和建筑限界之间的关系。

【实训考核】

实训任务	城市轨道交通车辆整体结构认知			
实训目标	（1）能准确指认城市轨道交通车辆中各组成部分的位置和名称； （2）能正确描述城市轨道交通车辆各组成部分的作用； （3）能正确指示城市轨道交通车辆的主要参数。			
实训材料及准备	城市轨道交通车辆或相关实训设备			
班级		姓名		
学习小组		时间		
实训过程				

（1）分组练习、组内讨论。
（2）对照实训车辆或相关设备指认城市轨道交通车辆整体结构，并讨论各组成部分的作用。
（3）对照实训车辆或相关设备介绍车辆的主要技术参数。
（4）组内考核，教师分组考核。

指导教师打分及评语：

　　　　　　指导教师签字：　　　　　　　　　　　　　日期：　　　年　月　日

模块 2　车体、客室及司机室

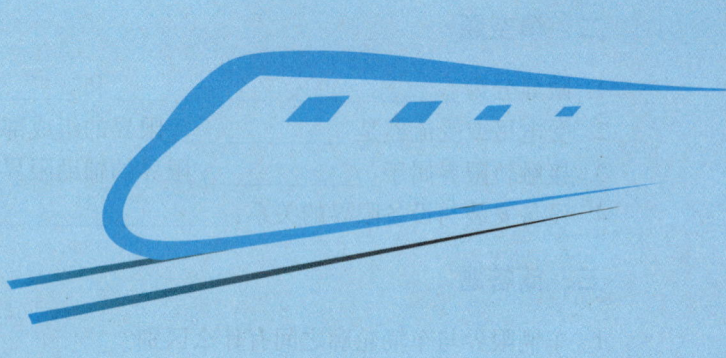

单元 2.1　认识车体

【学习目标】

(1) 了解车体的作用和分类；
(2) 熟悉车体的基本结构。

【学习引入】

　　轨道交通车辆中，车体是整个车辆的基础。那么车体有哪些种类，结构又有什么不同，各自有什么优缺点呢？通过本模块，我们来了解车体。

2.1.1 车体的作用和分类

1. 车体的作用

车体是城市轨道交通车辆的主体结构,是供乘客乘坐和司机驾驶的部分,也是安装和连接其他设备的基础,用以承受和传递载荷。车体由底架、侧墙、端墙、车顶、车门、车窗等部分组成。

2. 车体的分类

城市轨道交通车辆都采用整体承载式车身,按车体制造材料的不同,可以分为碳素钢车体、铝合金车体和不锈钢车体三种。目前使用较为广泛的是铝合金和不锈钢材质。如图2-1、图2-2所示。

图2-1 铝合金车体

图2-2 不锈钢车体

2.1.2 车体的基本结构

车体是由若干纵向、横向梁和立柱组成的钢结构,如图 2-3 所示。一般包括底架、侧墙、车顶、端墙、车窗、车门、贯通道和车内设施等,还安装有内饰板、外蒙皮、地板、顶板、隔热、隔声材料、车窗、车门及采光设施等部分。

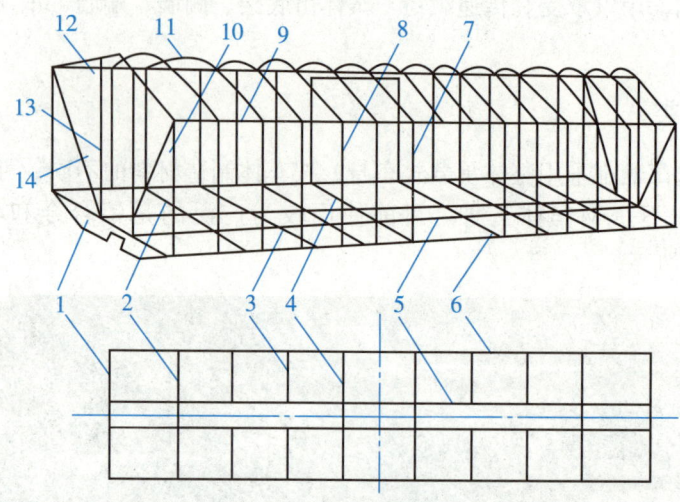

图 2-3 车体的一般结构形式

1—缓冲梁（端梁）；2—枕梁；3—小横梁；4—大横梁；5—中梁；6—倒梁；7—门柱；
8—侧立柱；9—上侧梁；10—角柱；11—车顶弯梁；12—顶端弯梁；
13—端立柱；14—端斜撑

1. 底架

底架主要用来承受车体上部载荷,并传递给整个车体。底架主要由缓冲梁、牵引梁、侧梁、中梁、枕梁等组成,如图 2-4 所示。底架下部还吊装有其他设备,也都是通过枕梁将载荷传递给转向架。车钩牵引装置安装在底架的牵引梁上,底架还设有顶车、架车、复轨用垫座,可以用于组装、拆卸、装运及救援等。如图 2-5 所示。

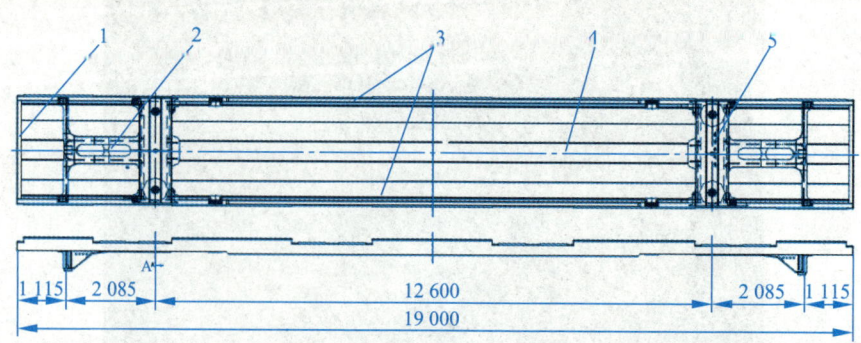

图 2-4 底架结构

1—缓冲梁；2—牵引梁；3—侧梁；4—中梁；5—枕梁

模块2 车体、客室及司机室

图2-5 架车位置标

2. 侧墙

侧墙是决定车体高度的部件,与底架、车顶连接在一起,共同承担和传递车体的载荷。一般由侧墙板、门立柱、端立柱、窗立柱、窗口横梁、上边梁等组成。门立柱上部与上边梁连接在一起,下部与底架边梁连接在一起,并增加门角以增加强度。窗立柱与窗口横梁焊成窗口骨架,再通过点焊与侧墙板、内层筋板连接在一起。如图2-6所示。

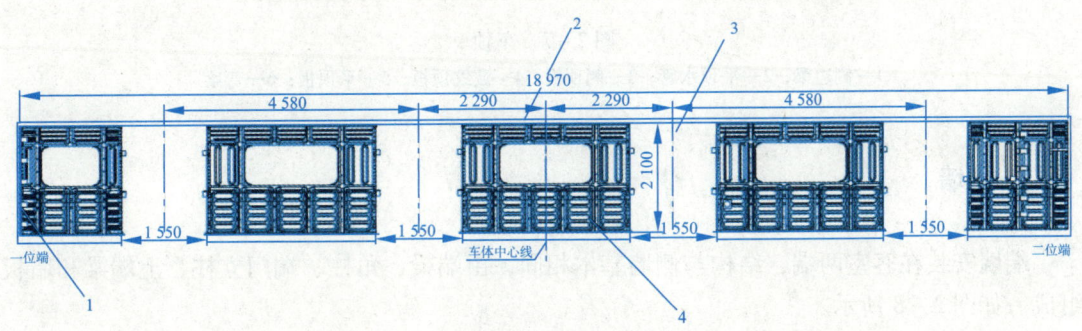

图2-6 侧墙
1—立柱;2—纵向梁;3—边梁;4—侧墙板

3. 车顶

车顶主要由弯梁、边梁、纵向梁、顶板和车顶端部组成。铝合金车体车顶两侧圆弧采用形状复杂的中空截面挤压铝型材;不锈钢车体车顶采用波纹顶板无纵向梁结构,由波纹顶板、弯梁、侧顶板、空调安装平台组成。如图2-7所示。

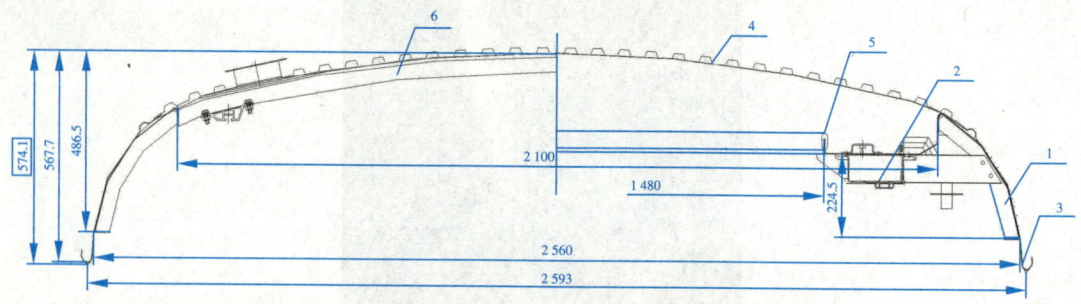

图 2-7 车顶
1—侧边梁；2—平顶水管；3—侧顶板；4—波纹顶板；5—平顶板；6—弯梁

4. 端墙

端墙安装在客室两端，结构与侧墙基本相同，由端梁、角柱、端门立柱、上端梁和墙板组成。如图 2-8 所示。

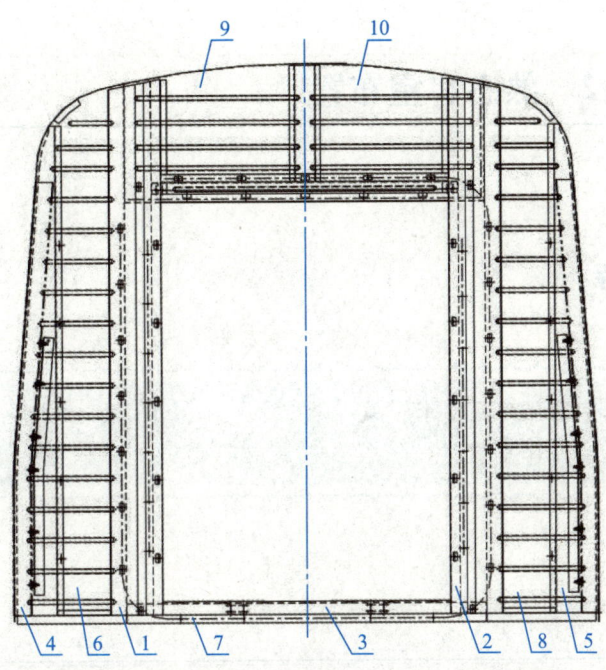

图 2-8 端墙

1，2—端门立柱；3—门槛；4，5—角柱；6~10—墙板

【课后练习】

一、选择题

1. 下列不属于车体组成部分的是（　　）。
   A. 底架　　　　　B. 侧墙　　　　　C. 车轮　　　　　D. 车窗
2. 城市轨道交通车辆的车钩安装在（　　）上。
   A. 边梁　　　　　B. 枕梁　　　　　C. 牵引梁　　　　D. 缓冲梁

二、填空题

1. 按车体制造材料的不同，车体可以分为_____、_____和_____三种。
2. 底架主要由_____、_____、_____、_____、_____等组成。

三、简答题

1. 车体的主要作用是什么？
2. 简述车体的基本结构。

■ 单元2.2 熟悉客室布置

【学习目标】

(1) 了解客室的作用及要求；
(2) 认识客室内部布置。

【学习引入】

客室就是供乘客乘坐的地方，那么它的内部都设置有哪些装置？这些装置的布置有什么意义呢？

客室是供乘客乘坐的地方，既要保证安全，满足功能的需要，又要美观大方，色调协调、明快、柔和，并体现以人为本的设计理念，为乘客提供舒适安全的乘车环境。一般在车厢的两侧设置有不锈钢（玻璃钢）长座椅，每个座椅背后有透明车窗，可以供乘客观看车外景色。客室内还设有立柱、扶手杆、拉手供乘客站立时抓扶，保证乘客安全。如图2-9所示。

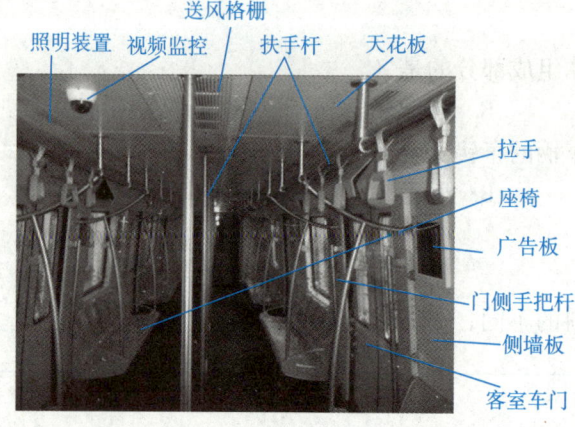

图2-9 客室布置图

客室的总体布局、装饰具有现代美学观点，既体现时尚又具有前瞻性，同时还应考虑以下设计要求：
(1) 适合于乘客群体的人机工程学设计；

(2) 完全协调一致的颜色和质地；

(3) 良好的密封以防水、防尘；

(4) 紧固件及配件采用不突出、不明显设计；

(5) 安装牢固可靠、易于保养和清洁；

(6) 车内材料应具备良好的防火性能。

客室内装以车体纵向中心为轴呈对称布置，主要部件有地板、地板布、车顶骨架、送风格栅、照明装置、侧墙板、门罩板、座椅、扶手、灭火器等。

客室扶手和吊环应满足乘客乘坐舒适和安全要求，且各部件应满足防火标准。座椅区上部扶手杆一般安装有吊环，以满足乘客需求。中立柱位于车体纵向中心线上，立柱一般分布在门中心和窗中心位置。部分车厢客室端部设有轮椅区，用于满足特殊乘客乘车，轮椅区设手轮椅腰靠、安全带，如图2-10所示。

图2-10 轮椅区

客室座椅一般是六人座椅，座椅材料可分为不锈钢面座椅和玻璃钢面座椅。座椅主要由椅面、骨架、端面构成，椅面用于提供舒适的乘坐空间，骨架用于安全承载，端面用以分隔保护。一般在座椅的一端设有老幼病残孕专座，以满足特殊人群的乘坐需要。如图2-11所示。座椅一端的侧墙上安装有LED屏，可以用于播放运行信息、紧急信息、新闻娱乐节目等，另一端一般是地铁运营线路图，如图2-12所示。

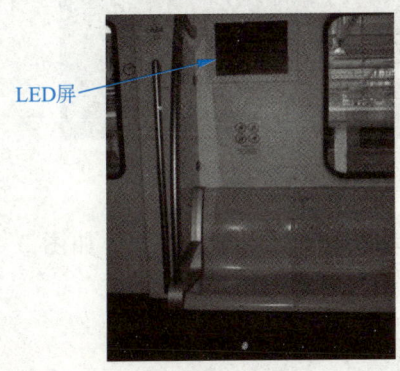

图2-11 老幼病残孕专座

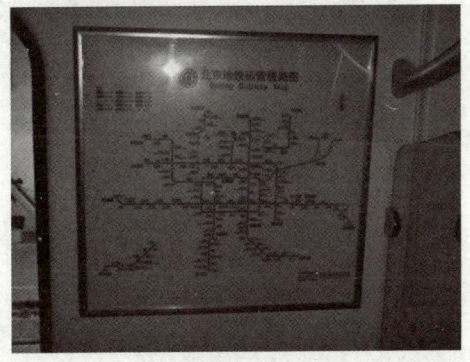

图2-12 地铁运营线路图

客室车门上部设有电子线路图,用于显示车辆运行的具体方位,分红色和绿色小灯显示,防止乘客坐过站或上错车。如图2-13所示。

图2-13 车门区域电子线路图

在客室端墙上部装有广播扬声器,运行信息可以通过扬声器进行广播。如图2-14所示。车门附近设有紧急报警装置,乘客可在紧急情况下,按动红色按钮,就可以激活紧急报警装置与司机或工作人员通话。如图2-15所示。

图2-14 广播扬声器

图2-15 紧急报警装置

北方使用的地铁车辆,因为天气因素,客室内座椅下方安装有电暖气,如图2-16所示。

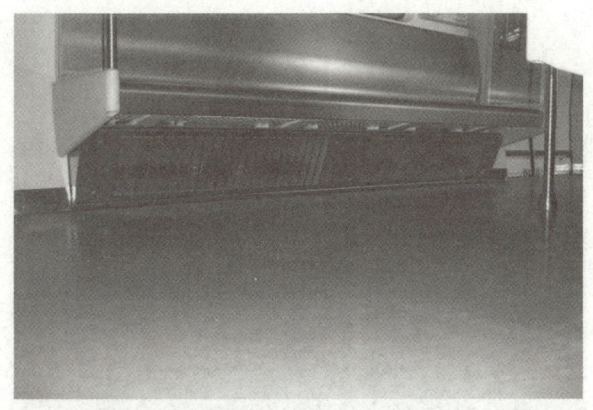

图 2-16 电暖气

客室内设有一些安全设施，如在座椅下方或车辆端部一般设有灭火器，在车辆侧墙上部还设有紧急安全锤，为乘客提供安全的乘车环境。如图 2-17、图 2-18 所示。

图 2-17 灭火器   图 2-18 紧急安全锤

【课后练习】

一、选择题

下列设施不属于车内安全设施的是（　　）。
A. 电暖气　　　　　B. 紧急报警装置　　C. 灭火器　　　　　D. 安全锤

二、填空题

1. 客室内装以车体纵向中心为轴呈对称布置，主要部件有_____、_____、_____、_____、_____、_____。

2. 客室内的灭火器一般放置在_____或_____。

3. 客室内座椅面的材料一般为_____和_____。

三、简答题

标注下图客室内的基本设备。

单元 2.3 熟悉司机室布置

【学习目标】

(1) 了解车辆对司机室的要求;
(2) 熟悉司机室的功能及布置。

【学习引入】

司机室是城轨车辆驾驶人员工作的场所,也是车辆设备的控制中心,司机室是什么样的?又有哪些设备呢?

司机室分布在 A 车(Tc 车)的一端,司机室的电气设备包括司机操纵台、电气控制柜、综合控制柜、司机室照明、司机室电加热、前照灯、刮雨器、窗加热、喇叭、显示器及布线槽等,如图 2-19 所示。这些电气设备与客室内的电气设备、车下电气设备共同完成车辆牵引、制动、开关门、空调、照明、广播、紧急对讲、客室视频监控及列车运行控制、车辆通信、车站通信等。

模块2 车体、客室及司机室

图 2-19 司机室设备布置图

2.3.1 司机台布置

司机台是司机操纵机车的控制台，分为两大部分：台面设备、台下箱柜。司机台面采用 GRP 材料，该材料具有良好的绝缘性、黏接性、耐热性、可纺织性、耐酸碱及有机溶剂，还具有较高的机械强度。台下箱柜采用钢板材料。如图 2-20 所示。

从功能上，司机台分为列车牵引、制动控制、照明控制、门控制、广播控制、无线电台控制、空调控制、自动列车控制、前照灯控制、刮雨器控置、电热控制、列车故障诊断及紧急对讲、监视等功能。司机台面集中了与驾驶操纵有关的大部分功能，不同车型操纵台各不相同，本书以北京地铁昌平线车辆为例，讲解司机台布置。

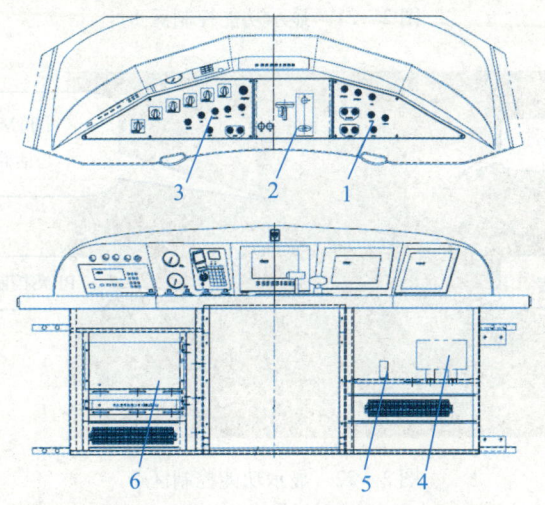

图 2-20 司机台布置图与实景图

37

图 2-20 司机台布置图与实景图（续）

1—信号按钮控制区；2—司控器；3—司机室控制区；4—无线主机；5—连接器；6—PIDS 设备

显示功能控制区布置有指示灯、电台主机控制盒、PIDS 控制器、TCMS 监视器、信号系统监视器、压力表、CCTV 显示器等。如图 2-21~2-23 所示。

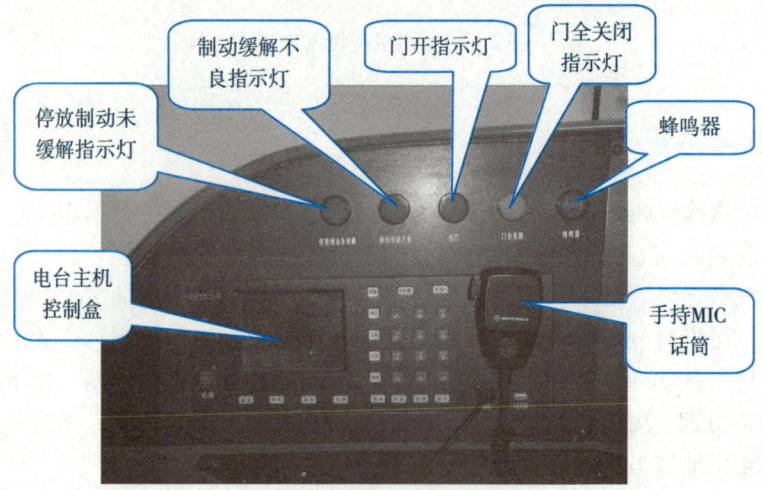

图 2-21 显示功能控制区 1

图 2-22 显示功能控制区 2

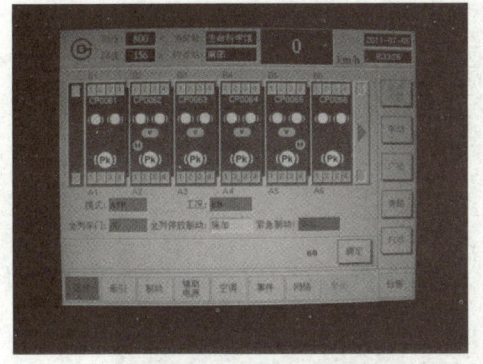 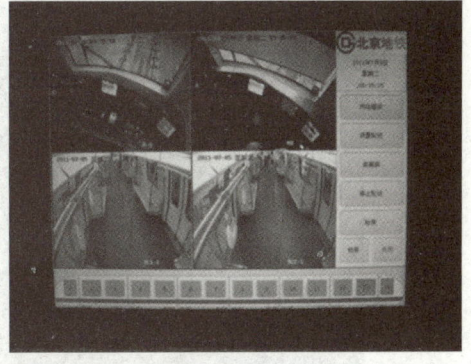

(a) TCMS监控器　　　　　　　　　(b) CCTV显示器

(c) 信号系统监视器

图 2-23　显示功能控制区 3

电台主机控制盒是无线系统的输入和显示单元，实现司机与控制中心进行无线通话等功能。指示灯用于显示列车各系统状态。蜂鸣器用声音提示驾驶人员注意各类情况。

TCMS 监控器是列车管理系统的显示单元，用于显示列车各系统的工作状态、故障信息，并可以通过监控器界面设置广播、空调、牵引系统的参数。

CCTV 显示器是列车视频监控系统显示器，用于显示各客室内的视频图像，提供给驾驶工作人员观看。

信号系统监视器是信号系统的输入和显示单元，用于显示列车信号相关信息。

1. 信号按钮控制区

信号按钮控制区位于司机台右侧，如图 2-24 所示，主要包括操作模式、门允许、自动折返、右门控制及 ATO 启动按钮。

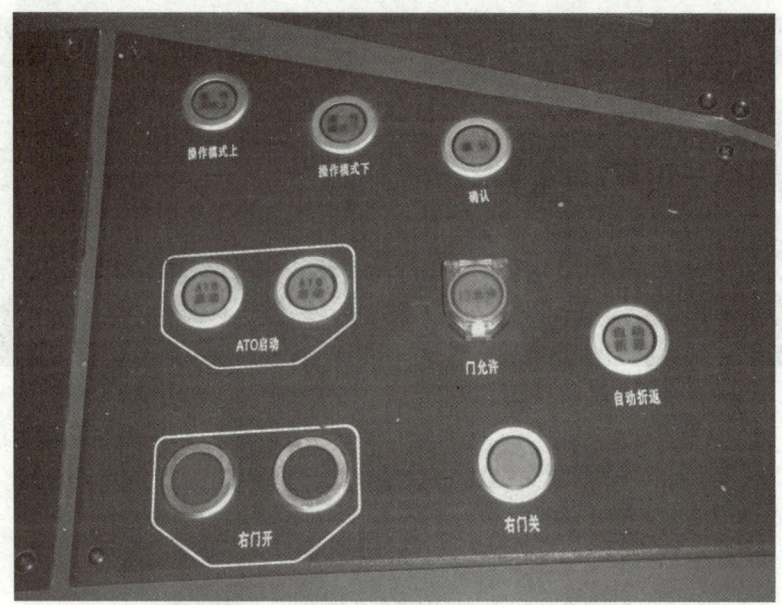

图 2-24 信号按钮控制区

2. 司控器

司控器位于司机台中间部位，如图 2-25 所示。主控钥匙孔用于司机通过钥匙激活列车，方向手柄用于控制列车运行方向，主控手柄用于列车牵引、制动功能。

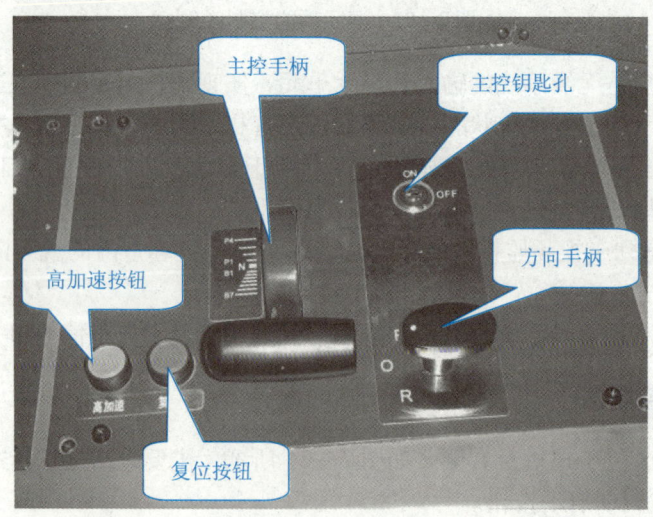

图 2-25 司控器

3. 司机室控制区

司机室控制区位于司机台左侧，主要是司机室内部装置按钮区域，如图 2-26 所示，还包括左侧车门控制按钮（左门按钮）及紧急制动按钮等。

模块2 车体、客室及司机室

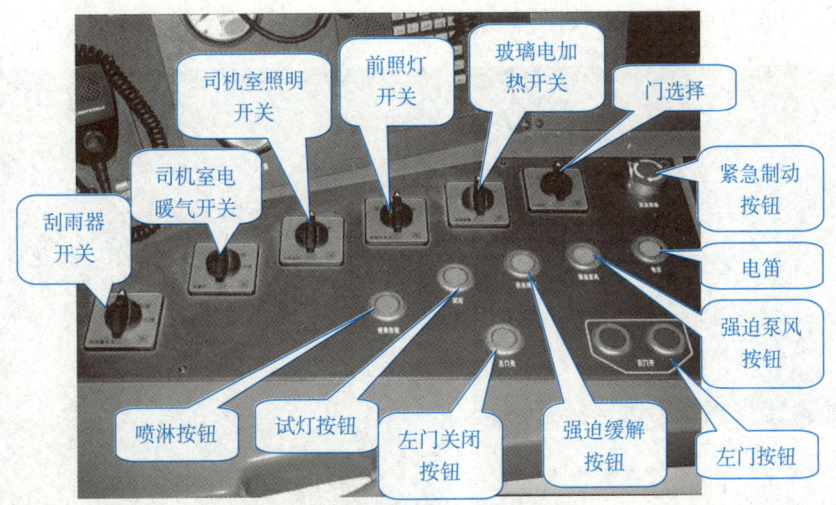

图 2-26 司机室控制区

司机台下部左侧柜内部设有 PIDS 设备；中间柜设有脚踏部分及电暖气；右侧柜设有无线电台主机和连接器，还有电暖气及工具箱等。如图 2-27 所示。

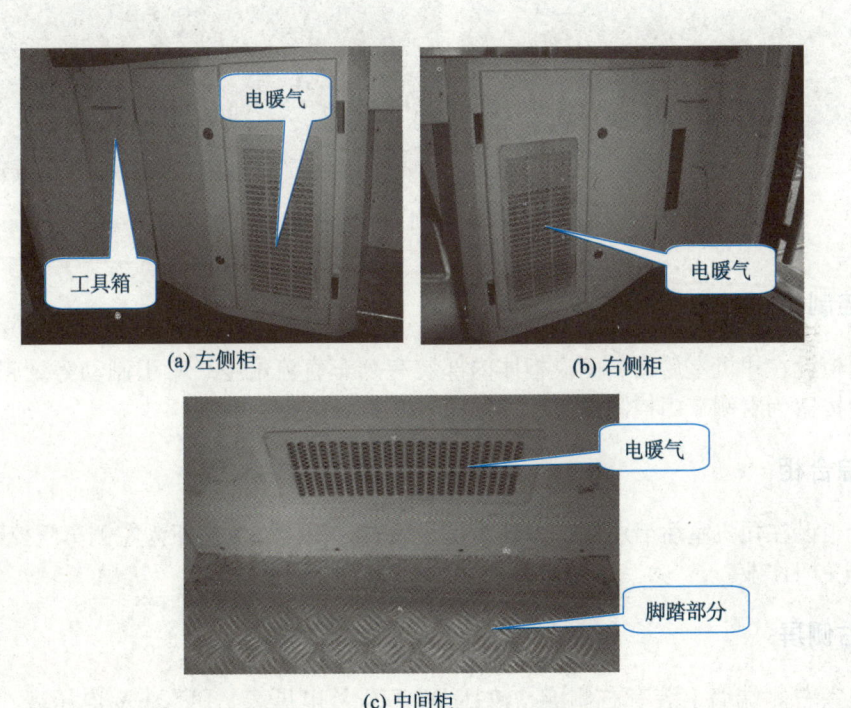

图 2-27 司机台下部柜体

2.3.2 司机室后墙布置

司机室后墙布置有控制柜、综合柜、右侧屏。司机室设备柜设在司机室后侧墙壁，内部

41

为电气设备,外部为控制面板。如图 2-28 所示。

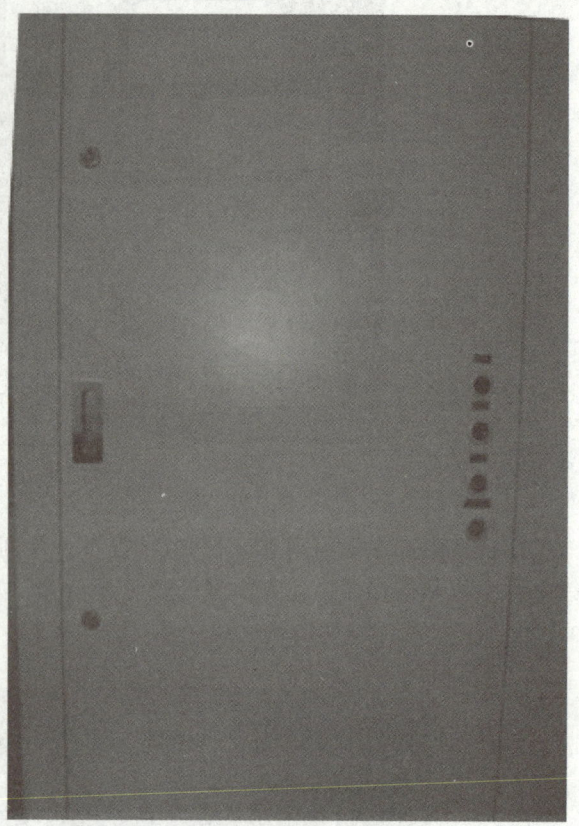

图 2-28 司机室后墙布置图

1. 控制柜

控制柜设在司机室后墙右侧,柜体内部装有列车直流配电、牵引制动等逻辑控制装置,柜体外侧按钮为右侧车门控制按钮,方便司机开关门作业。

2. 综合柜

综合柜设在司机室后墙左侧,内部为信号装置,柜体外侧按钮为左侧车门控制按钮,方便司机开关门作业。

3. 右侧屏

司机室右侧端墙上装有右侧屏,包括 DC 110 V 电压表、DC 24 V 电压表、SIV、空压机、BHB、电制动等装置。

2.3.3 司机室顶部布置

司机室顶部装有视频探头、空调通风口、风量调节开关、照明装置等。如图 2-29 所示。

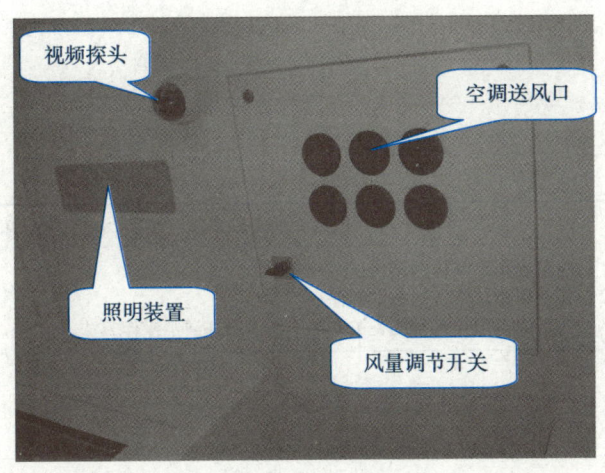

图 2-29 司机室顶部布置

【课后练习】

一、选择题

1. 紧急制动按钮安装在（　　）。
   A. 司机室后墙　　　B. 司机台左侧　　　C. 司机台下侧　　　D. 司机室顶部
2. 受流器接地需要请求接触轨停电时，司机可以通过（　　）判断接触轨已断电。
   A. 网压表　　　　　B. 双针压力表　　　C. CCTV　　　　　D. PSL

二、填空题

1. 司机主控手柄用于_____、_____、惰行和紧急制动。
2. 司机需要同时按下控制台上_____个开门按钮完成开门操作，需要按下控制台上_____个关门按钮完成关门操作。

三、简答题

1. 简述电台主机控制盒功能。
2. 简述司机控制器的功能。

【实训考核】

实训任务	城市轨道交通车辆车体、客室及司机室认知
实训目标	（1）能正确指示车体的结构； （2）能正确指认客室的基本部件； （3）能正确说出司机室的各主要部件的作用并演示操作方法。
实训材料及准备	城市轨道交通车辆车体、客室及司机室

班级		姓名	
学习小组		时间	
实训过程			

（1）分组练习、组内讨论。
（2）对照实训车辆正确指认车体结构。
（3）对照实训车辆客室指认客室内各基本部件。
（4）对照实训车辆司机室指认各主要部件，讨论并演示各部件的操作方法。
（5）组内考核，教师分组考核。

指导教师打分及评语：

    指导教师签字：   日期： 年 月 日

模块 3 车门

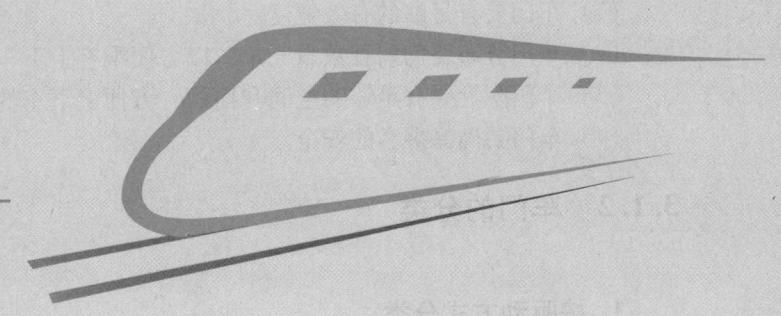

单元 3.1 认识车门

【学习目标】

(1) 掌握车门的分类；
(2) 熟悉车门的用途；
(3) 熟悉车门的编号规则。

【学习引入】

车门是城轨车辆的重要部件，乘客、司机的上下车都要通过车门，那么车门有什么特点？可以分成几类？车门又是怎么编号的呢？

3.1.1 车门的特点

城市轨道交通由于站间距短，乘客上下车频繁、流动量大，使得城轨车辆车门相对于铁路车辆车门有其自身的特点。

(1) 车门要有足够的有效宽度。

(2) 车门分布要均匀且数量充足，以方便乘客上下车。

(3) 车门附近要有足够的空间和面积，方便上下车的乘客周转。

(4) 车门要确保乘客的安全。

3.1.2 车门的分类

1. 按驱动方式分类

1) 风动式车门

风动式车门是以压缩空气驱动气缸，再通过机械传动系统和电气控制系统实现车门的开关动作。机械传动系统是将传动气缸活塞杆的运动传递到车门，使车门动作。电气控制系统是用来保证车门动作可靠和行车安全。风动式车门如图3－1所示。

图3－1 风动式车门

2) 电动式车门

电动式车门是以电机驱动传动机构，再通过机械结构传递到车门，实现车门的开关动作。电动式车门是由电机、传动装置、门控器、锁闭装置和紧急开门装置组成的。电动式车门传动装置又分为齿形皮带传动和丝杠传动两种，如图3－2所示。

模块3 车门

(a) 齿形皮带传动

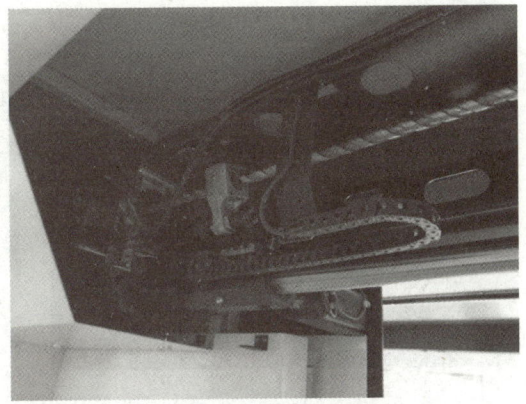

(b) 丝杠传动

图 3-2 电动式车门

2. 按开启方式分类

1) 内藏式滑动移门（内藏门）

车门在车辆侧面的外墙与内护板之间的夹层内平移滑动，传动装置安装在车厢内侧车门的顶部，装有导轮的门翼可以在导轨上移动并与传动装置的皮带或钢丝绳相连，借助气缸或电机驱动传动机构，使皮带或钢丝绳带动门翼动作。如图 3-3 所示。

图 3-3 内藏式滑动移门

2) 外挂式滑动移门（外挂门）

与内藏门的主要区别在于，外挂门在开关门时，门翼均处于车体侧墙外部，而驱动机构工作原理与内藏门相同。如图 3-4 所示。

图 3-4 外挂式滑动移门

3) 塞拉门

借助于车门上端的传动机构和导轨，在车门开启时，门翼贴靠在侧墙的外侧；车门在关闭状态时，门翼外表面与车体外墙成同一平面。不仅使车体美观，而且有利于减小运行时的空气阻力和车厢内的噪声。如图 3-5 所示。

图 3-5 塞拉门

内藏门、外挂门和塞拉门是我们常常提到的三种门，它们结构不同，各有特点。

（1）内藏门的特点是：运行可靠，密封性较好；运行阻力大，清洗车体不便。

（2）外挂门的特点是：运行较为可靠，密封性一般；运行阻力大，清洗车体不便。

（3）塞拉门的特点是：外形美观，运行阻力小，密封性好，清洗车体方便；结构复杂，造价较高。

3. 按用途不同分类

1) 紧急疏散门

紧急疏散门是在紧急情况下用于疏散人员的车门。一般在车的两端，在紧急情况下，司机打开紧急疏散门,将安全疏散斜梯向前展开,放到路面上。斜梯采用可伸缩(或折叠)的套节式踏板,两侧设有扶手杆。如图3-6所示。

图3-6 紧急疏散门

2) 司机室门

司机室门是司机上下车辆用的,安装在司机室两侧,一般为一扇单页门。如图3-7所示。

图3-7 司机室门

3) 客室车门

客室车门是供乘客上下车用的。一般地铁A型车每侧装有5个车门,B型车每侧装有4个车门。车门越多,乘客上下车速度越快,可缩短乘客换乘时间。如图3-8所示。

图 3-8　客室车门

4) 司机室分隔门

司机室分隔门用于分隔司机室和客室，避免乘客进入驾驶室，影响行车安全。司机可以从司机室内部，或使用专用钥匙从客室打开车门。如图 3-9 所示。

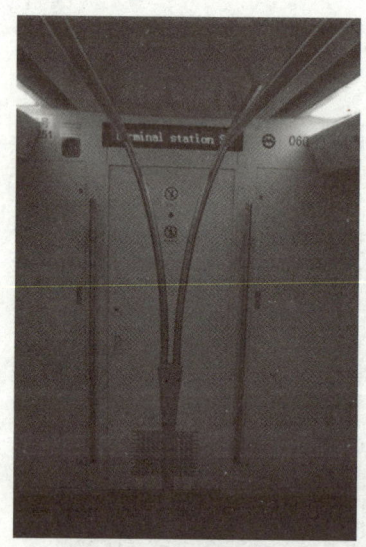

图 3-9　司机室分隔门

3.1.3　车门的编号

为便于识别、车门定位、检修、客室车厢设备定位及乘客遗落物品的找寻，城市轨道交通车辆的每个客室侧门均有各自编号。虽然不同地铁线路车辆车门编号略有差异，但均按照相应的车门编号规则。

通常地铁列车每一节车厢安装有 8 扇或 10 扇客室车门，单侧安装有 4 扇或 5 扇（B 型车每节单侧 4 扇，A 型车每节单侧 5 扇），对称分布。以北京某线路 B 型地铁车辆为例，如图 3-10 所示。图中列车处于上行方向时，面向列车运行方向，左手侧为 B 侧（或 Y 侧），右手侧为 A 侧；当列车处于下行方向时，面向列车运行方向，左手侧为 A 侧（或 Z 侧），右手侧为 B 侧。每节车厢四个车门编号由阿拉伯数字 1 至 4 依次增大。那么，根据列车的运行方向，就可以确定车门的编号了。

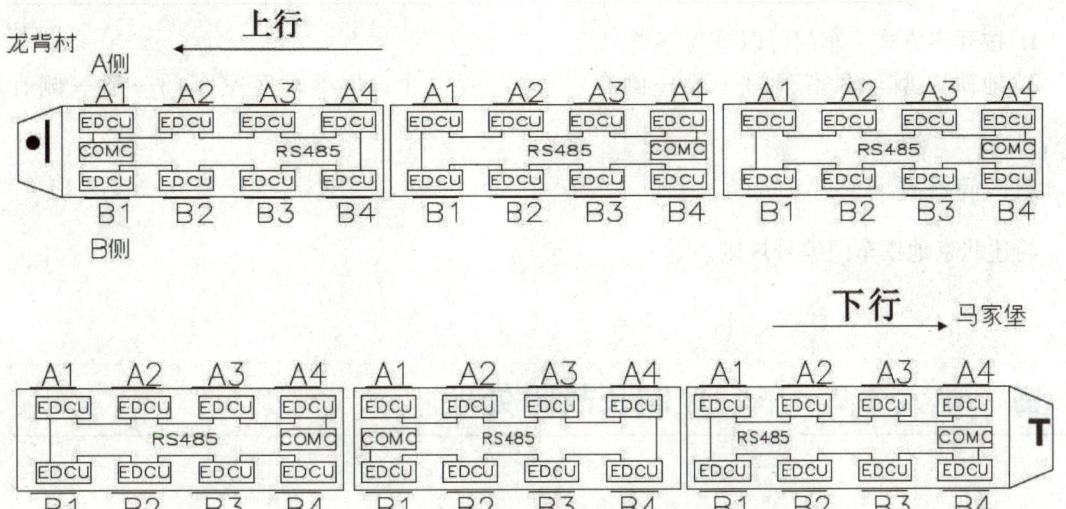

图 3-10 北京地铁某线路车门编号规则

还有一种编号规则是：自 1 位端到 2 位端，右侧为由小到大的连续奇数，即 1、3、5、7……左侧为由小到大的连续偶数，即 2、4、6、8……如图 3-11 所示。

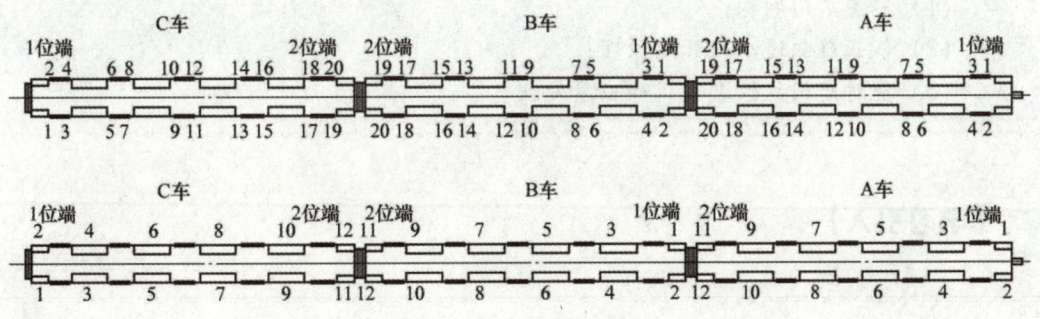

图 3-11 上海地铁某线路车门编号规则

【课后练习】

一、选择题

1. 下列车门中，密封性能最好的是（　　）。
   A. 内藏门　　　　　　　B. 塞拉门　　　　　　　C. 外挂门
2. 按照驱动方式不同，车门可以分为（　　）。
   A. 内藏门和外挂门
   B. 风动门和电动门
   C. 客室门和司机室门

二、填空题

1. 按开启方式，车门可以分为三类：_____、_____、_____。
2. 地铁 A 型车客室车门一般一侧有_____个，B 型车客室车门一般一侧有_____个。

三、简答题

简述北京地铁车门编号规则。

■ 单元 3.2　车门控制及故障处理

【学习目标】

(1) 熟悉车门结构；
(2) 能正确叙述车门开闭原理；
(3) 能对车门故障进行正确应急处理。

【学习引入】

客室车门供乘客上下车，那么它的结构是什么样？又是如何实现车门的开闭呢？有没有防夹保护呢？车门出现故障怎么处理呢？

3.2.1　车门的结构及工作原理

1. 车门的结构

对于不同类型的车门，其组成略有不同，但主要结构都是由车门悬挂及导向机构、车门驱动装置、左右门叶、内部紧急解锁装置、乘务员钥匙开关（或称为外部紧急解锁开关、紧急入口装置）、一套安装在车体上的密封型材（上、左和右）等机械部件，以及电子门控器（或气动控制器）、电气连接、负责监测的各类行程开关、指示灯等电气或气动部件组成的。电动外挂车门结构图如图 3-12 所示。

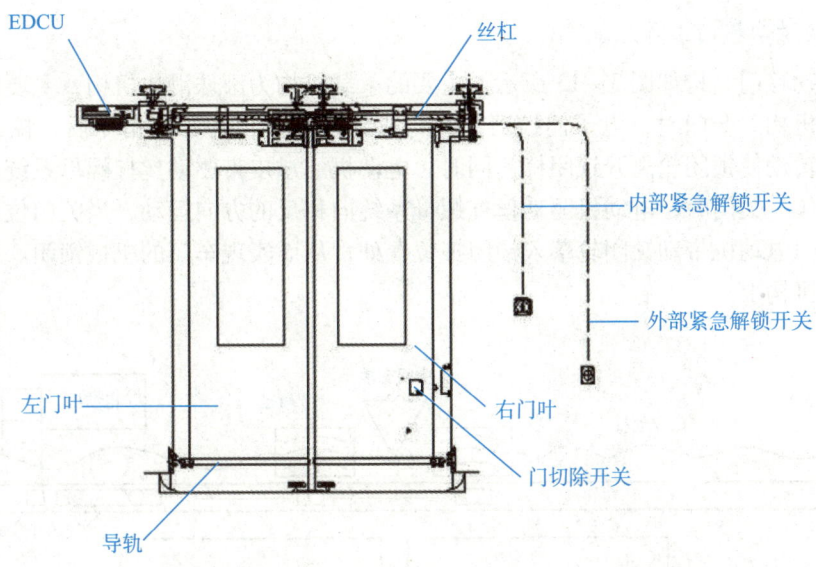

图 3-12 电动外挂车门结构图

客室车门关系到乘客上下车以及行车安全,其主要技术参数见表 3-1。

表 3-1 客室车门的主要技术参数

项 目	参 数
有效开度	(1 300 ± 4) mm
净开高度	(1 800 ± 10) mm
驱动装置	电动机或气动驱动装置
传动机构	皮带或丝杠传动
门控装置的工作电压	DC 110 V (77 ~ 121 V)
开、关门时间	3 ~ 5 s (可调)
车门关紧力	≤150 N (每个门叶)
车门隔音量	≥21 dB (A)
环境温度	−20 ~ +70 ℃
环境湿度	≯90%

2. 车门的工作原理

根据动力源的不同,客室车门分为电动门和气动门。由于电动门便于控制、安装简单可靠,目前大部分新造车辆上已普遍选用电动门。

1) 电动滑动移门工作原理

电动滑动移门结构如图3-13所示。主要的承载机构为滚珠滑块机构，主要的传动机构为丝杠螺母机构。开门时，电子门控器EDCU收到列车发出的开门指令后，控制电动机动作，电动机转动使锁闭轮离开锁闭杆，同时，电动机通过皮带驱动丝杠螺母系统动作，从而实现开门动作。关门时，电动机驱动丝杠螺母系统向相反的方向运动，当关门位置行程开关动作后，车门电动机带动锁闭轮落入锁闭杆位置处，从而实现车门的机械锁闭。锁闭杆安装在滚珠滑块机构上。

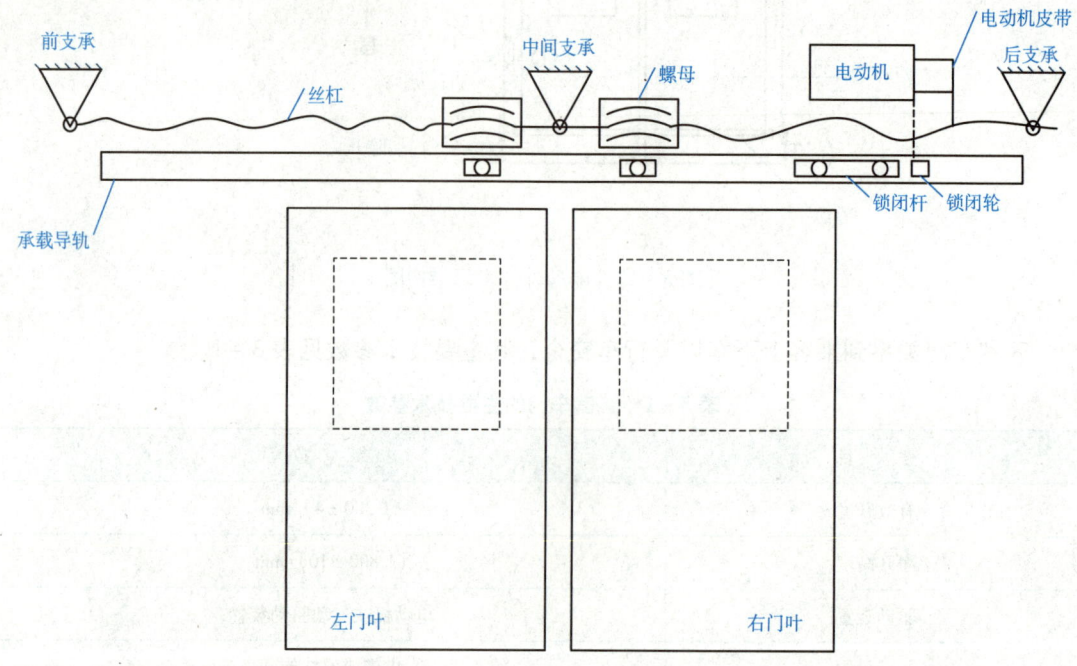

图3-13 电动滑动移门结构

2) 电动塞拉门工作原理

塞拉门的运动由电子门控器控制，电动机驱动。如图3-14所示，电动机通过锁闭装置与丝杠螺母副连接；丝杠上的螺母通过铰链与携门架相连。为了提供门叶的摆动和平移运动，门叶与携门架相连；同时，携门架在纵向长导柱上滑动。长导柱连接在3个挂架上，每端各一个，中间再放一个。这3个挂架在短导柱上运动，短导柱安装在承载支架上。携门架和挂架内安装有直线轴承，以确保机构运动平稳。门叶在摆动和平移过程中的控制，由导向滚轮和上下导轨组成的系统完成。开门时，门叶从完全关闭状态开始运动，电动机带动丝杠螺母副，引起携门架、长导柱、挂架、下滚轮导向部件中的转臂动作，并最终使门叶在导向系统的引导下向外做摆出运动。在达到完全摆出状态后，导向系统控制门叶的直线平移，使门叶平行于车辆侧面运动。在平移过程中，携门架使门叶沿着长导柱自由滑动，直到门叶达到完全打开状态。这样就实现了车门在横向、纵向上的运动，完成塞拉动作。关门动作是开门动作的相反过程。

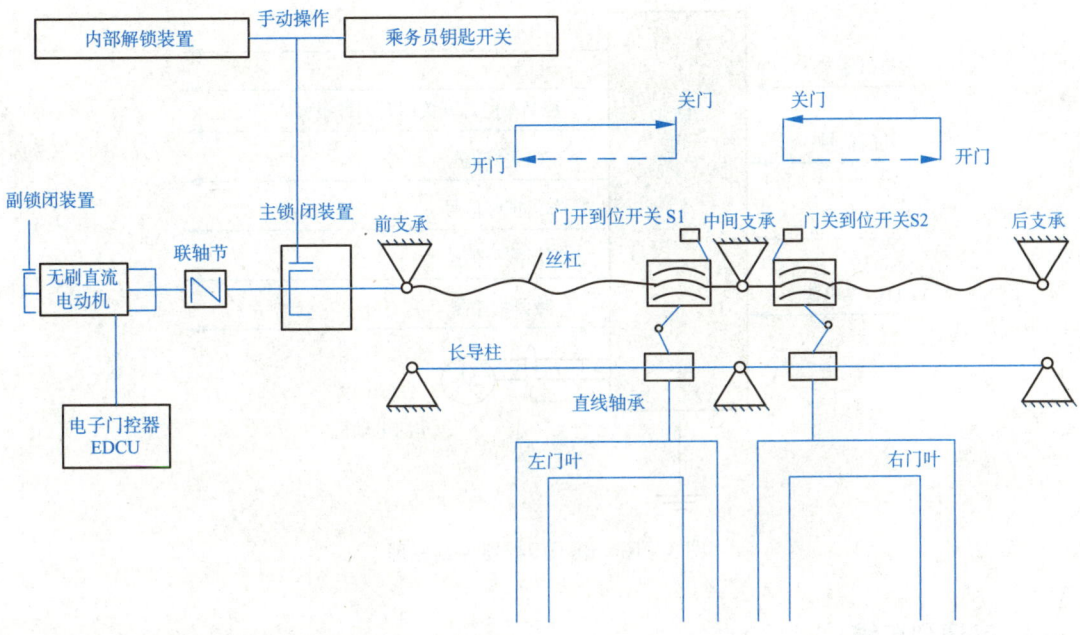

图 3-14 电动塞拉门工作原理

3.2.2 车门的控制系统

车门是通过电子门控器来控制的,如图 3-15 所示。电子门控器(EDCU)是车辆电源和车门机械机构之间的接口,控制原理如图 3-16 所示。每个车门都通过电子门控器与列车控制系统进行信息交换,实现车门的各种控制功能。

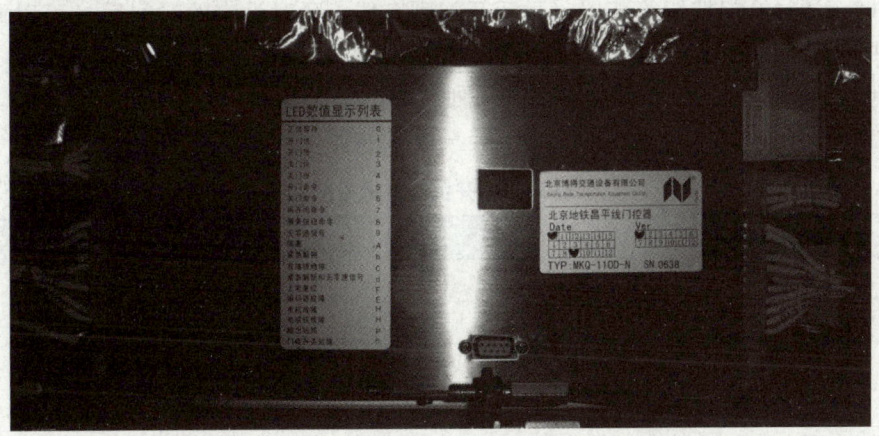

图 3-15 电子门控器实物图

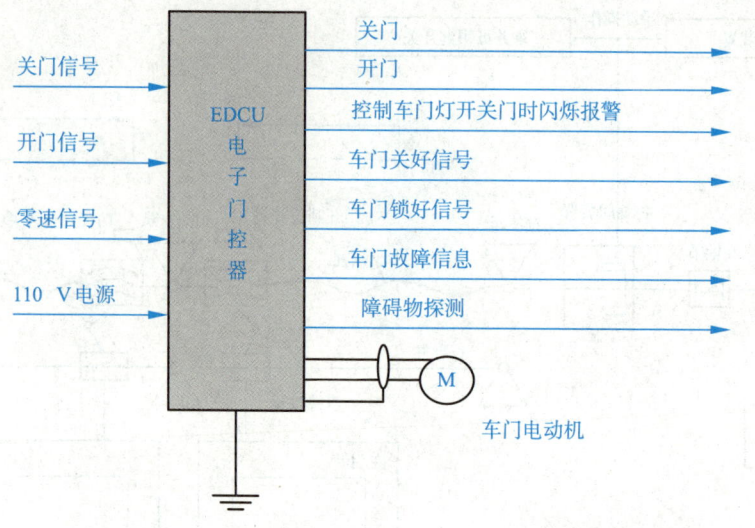

图 3-16 电子门控器控制原理

1. 零速列车线

零速列车线是指列车运行速度小于 3 km/h 开门时所激活的列车线,只有零速列车线有效时才有可能打开门,在这种情况下内部安全继电器(位于电子门控器中)直接由此信号激活。激活的安全继电器将接通接到电机电源的接线,从而可以驱动门机构。

零速列车线无效时,开启的门将立即开始关闭。

2. 开关门逻辑

开门时,通过开门按钮等装置,激活开门列车线,延时设定的时间后(可以调节,一般为 0~4 s),车门开始开启。当车门开启到位后,保持在这一位置,直到接收到关门指令。

关门时,司机按动关门按钮,激活关门列车线,在提醒 3 s 后,车门开始关闭。开关门逻辑关系如表 3-2 所示。门开关状态如图 3-17 所示。

表 3-2 开关门逻辑关系

零速列车线	开门列车线	关门列车线	门的状态
0	0	0	关闭
0	0	1	关闭
0	1	1	关闭
0	1	0	关闭
1	0	0	关闭
1	0	1	关闭
1	1	1	关闭
1	1	0	打开

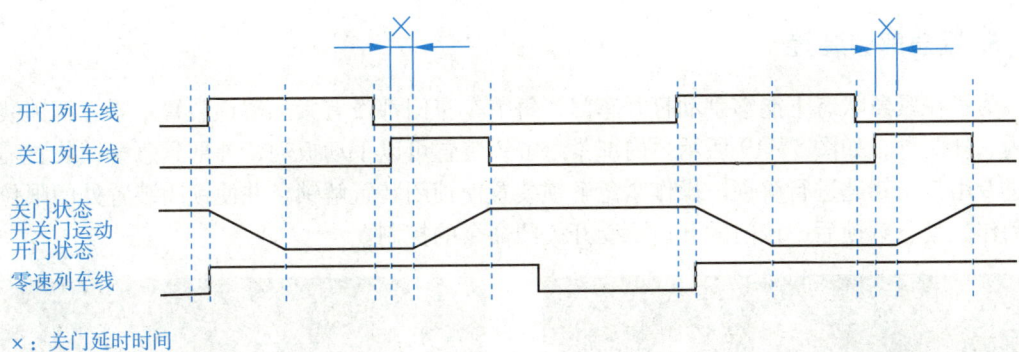

×：关门延时时间

图 3-17 门开关状态

3. 车门障碍检测功能

如果关门时碰到障碍物，最大关门力（≤150 N）最多持续 0.5 s，然后车门可以重新打开一段距离（约 200 mm，可调节），停止 2 s 左右，再重新关闭。如果障碍物一直存在，这个循环将重复 3 次（循环次数可调），之后门将处于并保持在全开位置，等待工作人员进行处理。

4. 车门状态指示灯

1）开关门状态指示灯

在每个客室侧门的上方均设有一个橙黄色的指示灯。当指示灯亮时表示该门开启；当指示灯闪烁时，表示已发出关门指令，相关车门尚未关上或尚未锁住；车门全部关好后橙黄色指示灯灭；在连续 3 次关门过程中均检测到障碍物，指示灯持续明亮，直到开门或关门指令重新将门启动。

2）车门切除指示灯

在每个客室侧门内侧上方均设有红色指示灯。该灯亮表示相关车门已切除，不能操作。上述两个指示灯如图 3-18 所示。

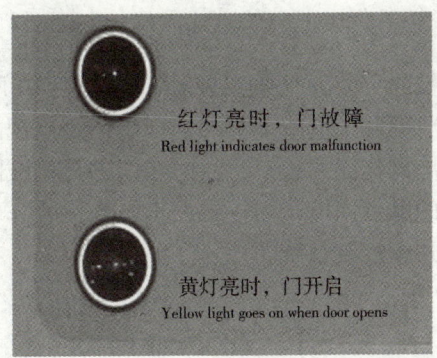

图 3-18 开关门状态指示灯和车门切除指示灯

5. 紧急解锁装置

为了在紧急状态下能够手动打开车门，每节车车门都设有紧急解锁装置。紧急解锁装置分内、外两种，如图3-19所示。内部紧急解锁装置可以手动扳动，外部紧急解锁装置需要通过专用三角钥匙进行解锁。操作紧急解锁装置使锁闭装置解锁，并使锁闭装置处的限位开关动作。紧急解锁后，该门的开启不受开关门命令的控制。

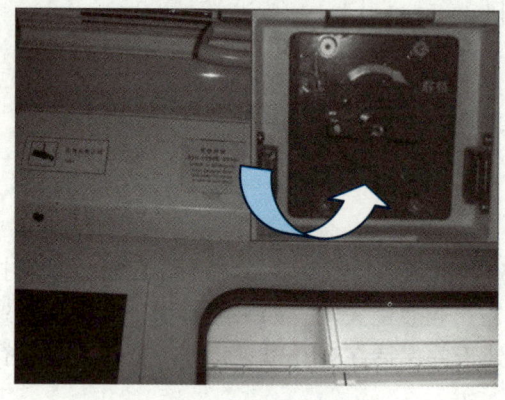 

(a) 内部紧急解锁装置　　　　　　　　　　(b) 外部紧急解锁装置

图3-19　紧急解锁装置

操作紧急解锁装置后，可以实现以下功能：

（1）当车辆处于零速状态时，即零速列车线有效，紧急解锁装置可以通过钢丝绳实现车门的机械解锁并可手动开门，手动开门力≤150 N。

（2）紧急操作后，信号传给列车监控系统，并能在司机室监视显示器上显示哪个门的紧急解锁装置被启动。

（3）当车辆处于非零速状态下，即零速列车线无效，此时打开车门时，车门会施加一个关门力，阻止车门打开。目的是避免车辆运行中，打开车门造成乘客掉下车辆，发生安全事故。

6. 门隔离功能

每个客室车门均设有机械隔离装置（隔离锁），如图3-20所示。隔离锁一般安装在门框侧立柱上，也有安装在车门门叶上部或下部的。当门系统出现故障后，首先需手动将门扇关闭到位，然后使用三角钥匙操作隔离锁，将故障车门进行机械隔离；同时隔离锁的锁舌会触发隔离锁开关，隔离开关的触点向电子门控器发出一个信号，电子门控器会关闭门的所有运动功能，并将信息传递给列车控制系统。

图 3-20　机械隔离装置

3.2.3　车门故障应急处理

城市轨道交通车辆在运行中,有时会出现车门无法关闭或者无法打开的情况。车门故障时需要司机、值班站长、站务员等相互配合,共同做好车门故障处理。

1. 全列车门无法打开

在列车站台作业时,当全列车门均无法打开时,站务人员应遵循下列指示:
(1) 值班站长:前往站台列车后端司机室控制车门。
(2) 站务员:接到综控室通知后将手台调到"正线组",做好清人准备:
如整列车门开启,进行清人作业;
如整列车门无法开启,接到"进行人工解锁车门"通知后,听从值班站长安排从车厢内部解锁车门。
清人完毕通知行车调度员。

2. 部分车门无法打开

在列车站台作业过程中,如果发现一对或一对以上车门无法打开时,应遵循以下操作程序。

1) 司机

司机发现车门无法打开时,把车门开关三次,如果不成功,采用门使能旁路开关(门控开关 DBPS) 进行开门操作,如图 3-21。具体步骤如下:
(1) 确认列车已停稳;
(2) 确认列车监控显示屏,车门没有故障;
(3) 将"门模式选择开关"打到"手动"位置;
(4) 将要开门侧的"门使能旁路开关",打到"旁路"位置;
(5) 按相应开门按钮开门。

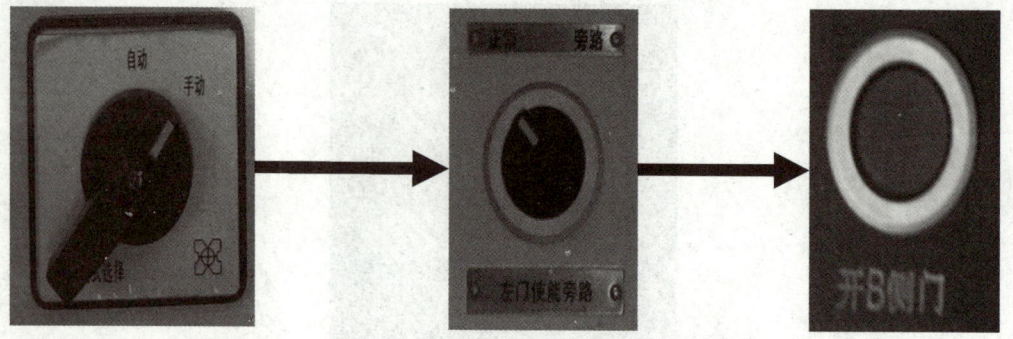

图 3-21 门使能旁路开关操作图

2）站务员

站务员赶到现场，除了故障门外，所有车门、安全门都处于打开状态，所以需要从故障门旁边的车门上车，赶到故障门处处理。

（1）收到值班站长的通知后，复述故障车门位置和状态，把手台调到"正线组"，立即携带处理工具备品（钥匙、门故障帘和告示），赶往现场。

（2）赶到现场，马上用手台报告行调；如果不能与行调联络上，应先处理事故。

（3）到达现场用手反拉车门，确认不能拉开后，将车门隔离。检查门侧面的门缝，确认锁止门闩落入门扇锁止卡槽，后通知行调。把告示贴上车门内侧（如果没有告示，通知行调下一个车站找人拿告示贴上。跟车到下一个车站再坐车回原站）。

3. 部分车门无法关闭

1）司机

当司机发现一对或一对以上车门无法关闭时，尝试把车门开关三次。如果不成功，上报行调，并把所有安全门/车门重新打开，等候站务人员来处理。同时，用广播通知乘客列车有所延误。

2）站务员

（1）收到值班站长的通知后，复述故障车门位置和状态，把手台调到"正线组"，立即携带处理工具备品（钥匙、门故障帘和告示），赶往现场。

（2）到现场，马上用手台报告行调；如果不能与行调联络上，应先处理事故。

（3）确定故障车门位置，检查是否有异物。

① 发现有异物，马上取出，用手台通知司机按"关门按钮"一次。如果司机确认车门关门成功，通知行车调度员。如果车门仍然不能关闭，应用力把车门关上并进行反向试拉一次，确认车门已关闭，用手台通知司机再按一次"关门按钮"。如果司机确认列车监控显示器上显示车门关闭成功，再把车门隔离，并检查门侧面的门缝，确认锁止门闩落入门扇锁止卡槽（听到两声"咔"）后，通知行车调度员隔离成功。把告示贴上车门内侧。跟车到下一个车站再返回原站。

② 发现有异物，经尝试无法取出，应尝试将故障门拉一半，如可以拉动，再尝试能否取出异物；若仍无法取出，则上报行车调度员，听候调度命令。若可以取出，则按照情况①

程序处理。尝试将故障门拉一半，仍无法拉动，则报行车调度员，听候调度员的命令。

③ 无异物。用力把车门关上并进行反向试拉一次，确认车门已关闭，用手台通知司机再按一次"关门按钮"。如果司机确认列车监控显示器上显示车门关闭成功，再把车门隔离，并检查门侧面的门缝，确认锁止门闩落入门扇锁止卡槽（听到两声"咔"）。通知行车调度员隔离成功。把告示贴上车门内侧。跟车到下一个车站再返回原站。

（4）如果司机确认列车监控显示器显示车门关闭不成功，马上隔离车门，通知行车调度员。通知司机车门处理完毕、发车，跟车监护确认无误后回原工作岗位。

（5）如果手动也不能把车门关闭，上报行车调度员。只有一对车门关不上时，挂好车门故障帘，如图3-22所示。通知司机车门处理完毕、发车，跟车监护，提醒乘客远离故障车门，确认无误后回原工作岗位。两对或两对以上车门关不上时，应上报行车调度员，等候行车调度员命令清客。

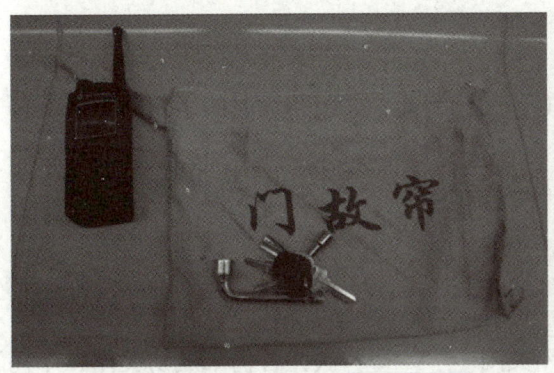
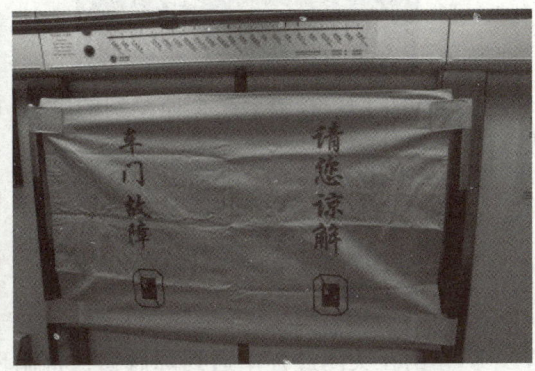

图3-22 车门故障帘及使用方式

【课后练习】

一、选择题

1. 地铁电动列车电动车门系统的电源电压为（　　）。
   A. DC 24 V　　　　　　　　　　B. DC 36 V
   C. DC 110 V　　　　　　　　　 D. DC 240 V

2. 若想将车门进行机械隔离，应操纵下图（　　）。

A.

B.

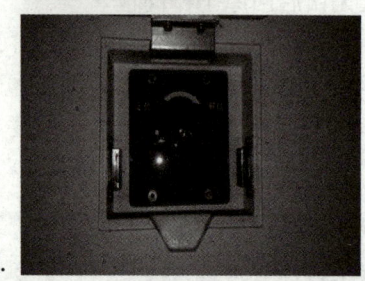
C.

3. 电动车门门控器会根据监测到的电机（　　）和开、关门持续时间来判断是否有障碍物。

A. 电压　　　　B. 电流　　　　C. 电阻　　　　D. 转速

二、填空题

1. 车门在关闭过程中遇到障碍物，将循环关闭_____次，若仍未成功关闭，车门将处于_____位置。
2. 车门开启后，如果零速列车线突然失效，车门将_____。

三、简答题

1. 简述车门开关门控制逻辑。
2. 简述车门故障应急处理方法。

【实训考核】

实训任务	城市轨道交通车辆车门
实训目标	（1）能正确指认车门结构并描述工作原理； （2）能正确进行车门故障应急处理。
实训材料及准备	城市轨道交通车辆客室车门

续表

班级		姓名	
学习小组		时间	
实训过程			

(1) 分组练习、组内讨论。
(2) 对照实训车辆客室车门结构进行指认，并分组讨论其工作原理。
(3) 对照实训车辆客室车门设置模拟故障，分组演练车门故障应急处理。
(4) 组内考核，教师分组考核。

指导教师打分及评语：

　　　　　指导教师签字：　　　　　　　　　　　　　　　日期：　　　年　月　日

模块 4 转向架

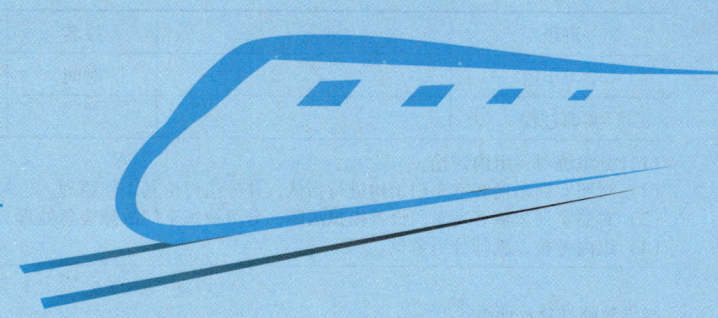

单元 4.1 认识转向架整体

【学习目标】

(1) 能正确叙述转向架的功能；
(2) 能正确判别不同转向架的类型；
(3) 能够正确指示出转向架每部分结构的名称及作用。

【学习引入】

铁路发展的初期，车辆都比较短小，车辆依靠通过弹簧安装在车体下部的两个轮对来支撑和行驶。随着车辆技术的发展，每辆车的车轴数增加，对车辆的性能要求也不断提高，于是把两个或几个轮对用专门的构架（或侧架）组成一个小车，称为转向架。目前常使用的转向架结构是什么样的呢？

4.1.1 转向架的作用

转向架是支承车体并担负车辆沿着轨道走行的支承走行装置，如图 4-1 所示。车辆走行部分在车辆运行中起着非常重要的作用，其不但承受了车体的全部载荷，而且还可以相对车体转动，以便通过曲线。在转向架上设有弹簧减振装置、制动装置和驱动装置，以改善车辆的运行品质和运行要求。城市轨道交通车辆的转向架有以下作用。

图 4-1 转向架

（1）承载：转向架能支承车体，承受并传递从车体至轮对之间或从轮轨至车体之间的各种载荷及作用力，并使轴重均匀分配。

（2）牵引：转向架能充分利用轮轨之间的黏着力，牵引车辆前进。

（3）转向：保证车辆安全运行，并顺利地通过曲线。

（4）缓冲：转向架上装有弹簧减振装置，能够缓和车辆的冲击和振动，提高车辆运行的平稳性。

（5）制动：产生必要的制动力，使车辆在规定的距离内减速或停车。

4.1.2 转向架的分类

1. 按轴箱定位方式分类

（1）拉板式轴箱定位转向架：用特种弹簧钢材制成的薄片形定位拉板，其一端与轴箱连接，另一端通过橡胶节点与构架相连，如图 4-2（a）所示。

（2）拉杆式轴箱定位转向架：拉杆的两端分别与构架轴箱销接，拉杆两端的橡胶垫、套分别限制轴箱与构架之间的横向与纵向的相对位移，实现弹性定位，如图 4-2（b）所示。

（3）转臂式轴箱定位转向架：又称弹性铰定位，定位转臂的一端与圆筒形轴箱体固接，另一端以橡胶定位节点与构架上的安装座相连接，如图 4-2（c）所示。

(4) 层叠式橡胶弹簧定位转向架：在构架与轴箱之间装设压剪型层叠式橡胶，其垂向刚度较小，使轴箱相对构架有较大的上下方向位移，而它的纵、横向有适宜的刚度，以实现良好的弹性定位，如图4-2（d）所示。

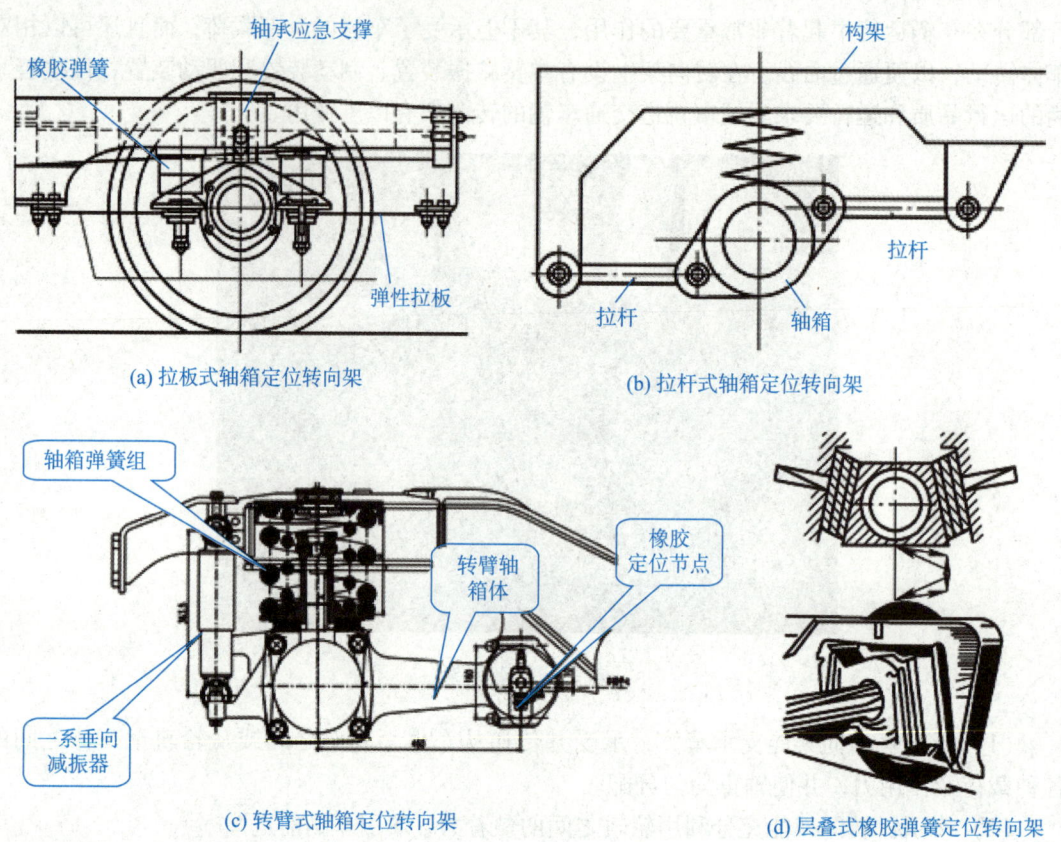

图4-2 轴箱定位方式

2. 按弹簧系统分类

（1）一系弹簧悬挂：在车体与轮对之间，只设有一系弹簧减振装置，如图4-3（a）所示。

（2）二系弹簧悬挂：在车体与轮对之间设有二系弹簧减振装置，即在车体与构架间设弹簧减振装置，在构架与轮对间设轴箱弹簧减振装置，两者相互串联，使车体的振动经历两次弹簧减振的衰减，如图4-3（b）所示。

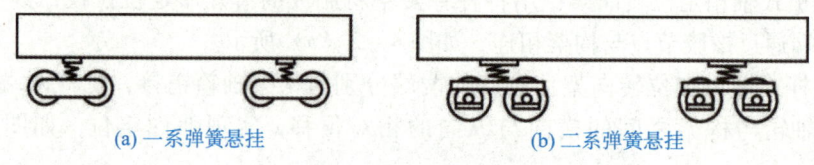

图4-3 弹簧悬挂装置

3. 按车体与转向架之间载荷传递方式分类

（1）心盘集中承载：车体的全部质量通过前后两个上心盘分别传递给前后转向架的两个下心盘，如图4-4（a）所示。

（2）非心盘承载：车体的全部质量由转向架的旁承支撑，如图4-4（b）所示。

（3）心盘部分承载：车体上部质量按一定比例分配，分别传递给心盘和旁承，使它们共同承载，如图4-4（c）所示。

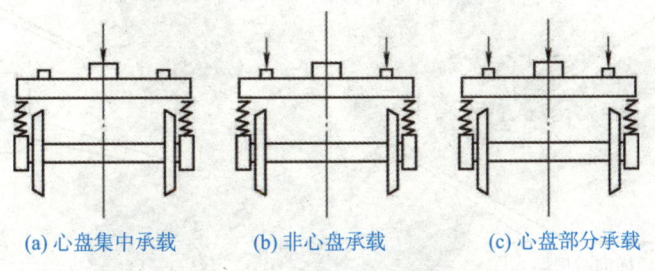

(a) 心盘集中承载　　　(b) 非心盘承载　　　(c) 心盘部分承载

图4-4　车体承载方式

4.1.3　转向架的组成

转向架的类型较多，结构各异，但其基本组成和主要功能都是相同的。图4-5所示为北京地铁SFM13型列车所使用的SDB-140型转向架，其主要由构架、轮对轴箱装置、弹性悬挂装置、基础制动装置、中央牵引装置和牵引传动装置等部分组成。

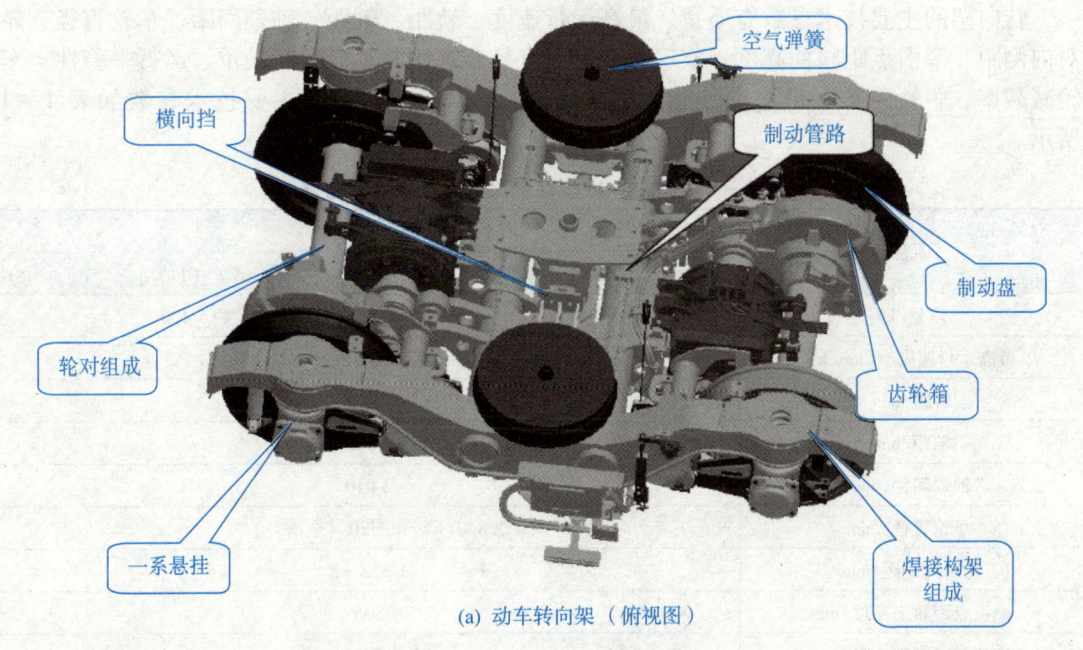

(a) 动车转向架（俯视图）

图4-5　SDB-140型转向架

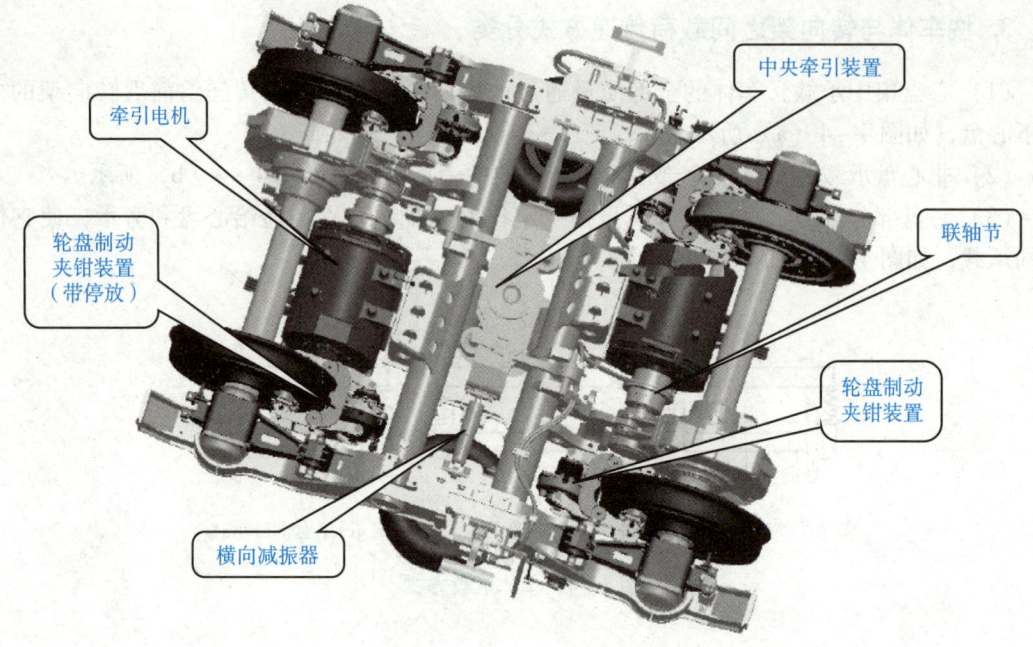

(b) 动车转向架（仰视图）

图 4-5　SDB-140 型转向架（续）

4.1.4　转向架的主要技术参数

转向架的主要技术参数有质量、最高运行速度、轨距、轴距、轴颈间距、车轮直径、轮对内侧距、牵引点距轨面高度、空气弹簧有效直径、基础制动装置、轴重、运行平稳性、车轮减载率、脱轨系数、最小曲线半径等。SDB-140 型转向架的主要技术参数如表 4-1 所示。

表 4-1　SDB-140 型转向架的主要技术参数表

项目	转向架形式	
	动车（M 车）	拖车（T 车）
质量/kg	约 7 600	约 5 400
最高运行速度/（km/h）	140	
轨距/mm	1 435	
轴距/mm	2 300	
轴颈间距/mm	2 010	
车轮直径/mm	840（新）/770（全磨耗）	
轮对内侧距/mm	1 353 ±2	
牵引点距轨面高度/mm	305	
空气弹簧有效直径/mm	505	
基础制动装置	轮装盘形制动，每轴配一个停放转动钳	

续表

项目	转向架形式	
	动车（M车）	拖车（T车）
轴重/t	≤15	
运行平稳性	<2.5	
车轮减载率	≤0.6	
脱轨系数	<0.8	
最小曲线半径/m	110	

【课后练习】

一、选择题

1. 下图为哪一种轴箱定位方式？（　　）

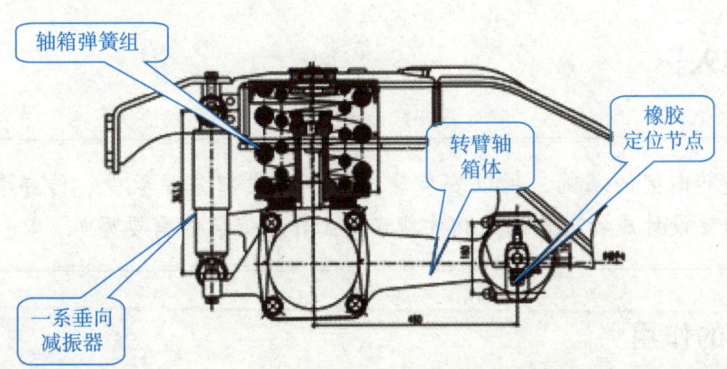

　　A. 拉板式轴箱定位　　　　　　　　B. 拉杆式轴箱定位
　　C. 转臂式轴箱定位　　　　　　　　D. 层叠式橡胶弹簧定位
2. 车轮直径的磨耗极限为（　　）mm。
　　A. 840　　　　　B. 805　　　　　C. 770　　　　　D. 760

二、填空题

1. 转向架安装于_____与_____之间。
2. 按是否安装驱动装置，转向架分为_____和_____。
3. _____是转向架的基础，它将转向架的各个零部件组成整体。
4. 转向架上安装在构架与轮对之间的是_____，转向架上安装在构架与车体之间的是_____。

三、简答题

1. 简述转向架的作用。
2. 简述转向架的分类。

■ 单元 4.2 构架

【学习目标】

(1) 能正确描述构架的功能；
(2) 能够正确指示构架的结构。

【学习引入】

构架是转向架的基础，用以安装转向架各组成部分并承受、传递各方向作用力。构架需要设计成什么样的结构才能满足工作和安装的需要呢？

4.2.1 构架的作用

(1) 构架是转向架的骨架，是安装转向架各组成部分的基础；
(2) 构架承受和传递各个方向的载荷和作用力。

4.2.2 对构架的要求

由于构架的基础和传力作用，所以在设计和制造构架时，必须满足以下要求：
(1) 较高的尺寸精度，实现安装要求。如轮对的定位。
(2) 便于安装和拆卸各部件及附属装置。如牵引电机、基础制动装置、轮对的安装和拆卸要方便。
(3) 具有较高的强度，以承受和传递车体重量、牵引力、制动力以及各种冲击和振动，保证列车运行安全。

4.2.3 构架的基本结构

一般转向架的构架是由钢板焊接的 H 形结构。图 4-6 所示为 SDB-140 型动车转向架构架。侧梁采用箱形全钢板焊接，与侧梁相贯通的横梁用无缝钢管制成，结构采用优化设计避免应力集中。钢板材料选用 Q345C，该材料具有优良的焊接性能。横梁选用 Q345D 材料的无缝钢管，兼作空气弹簧附加气室。牵引电机安装座、齿轮箱吊杆座采用板材与横梁钢管焊接而成。

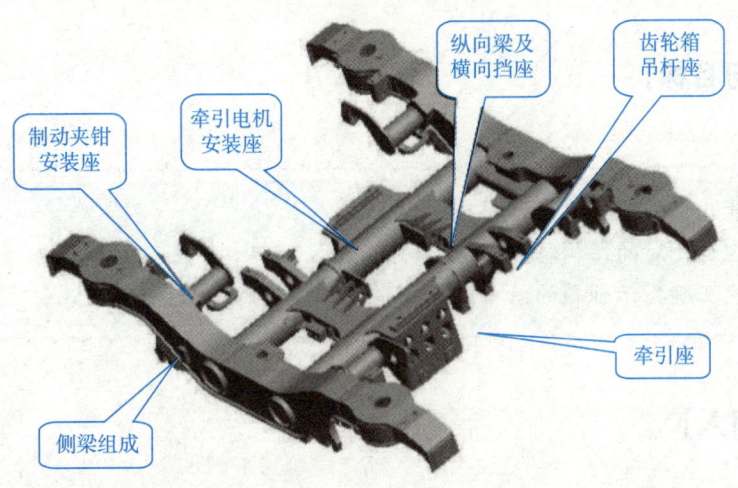

图 4－6 SDB－140 型动车转向架构架

【课后练习】

一、选择题

1. 构架的材料一般采用（ ）焊接而成。
   A. 铝合金　　　　　　　B. 钢板　　　　　　　C. 铸铁
2. 构架的横梁除安装作用外，一般还兼作（ ）。
   A. 缓冲梁　　　　　　　B. 附加气室　　　　　C. 牵引梁

二、填空题

1. 构架是钢板焊接成的_____形结构。
2. 构架的主要破坏形式是_____和_____。

三、简答题

根据构架的作用，简述对构架的基本要求。

单元 4.3 轮对与轴箱

【学习目标】

(1) 能正确描述轮对的作用；
(2) 理解轮对的结构特点；
(3) 能正确指示轴箱的结构。

【学习引入】

转向架的作用之一是转向，车轮的结构需要满足什么特点才能实现车辆的转向呢？车轴是如何与轴箱装配并与构架相连接的呢？

4.3.1 轮对

轮对由一根车轴和两个同型号车轮采用过盈配合装配而成，是组成转向架的重要部件之一，如图4-7所示。轮对组装过程通常采用冷压或热套的工艺，使车轮与车轴牢固地结合在一起，使用过程中也不允许有松脱现象。

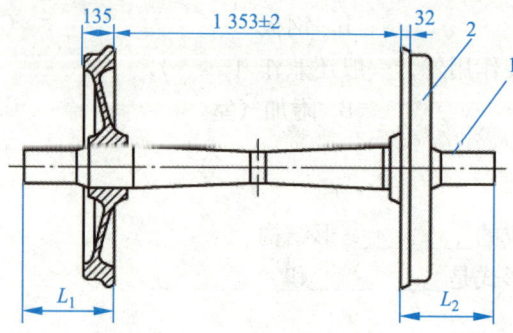

图 4-7 车轴与车轮
1—车轴；2—车轮

轮对承担车辆全部载荷，引导车辆沿着钢轨高速运行；同时承受从车体、钢轨传来的各种力的作用。因此，轮对应具有足够的强度，保证在允许的最高速度和最大载荷下安全运行。应在强度足够和保证一定使用寿命的前提下，使其质量最小，并具有一定的弹性，以减少轮对之间的作用力和磨耗。

轮对在正常状态的线路上运行时，轮对的内侧距是影响运行安全的一个重要因素，轮对的内侧距有严格的规定，我国地铁车辆轮对内侧距为（1 353±2）mm。轮对内侧距应保证在任何线路上运行时轮缘与钢轨之间有一定的游隙，以减少轮缘与钢轨的磨耗；应保证在最不利情况下，车轮踏面在钢轨上仍有足够的安全搭接量，不致造成脱轨；应保证安全通过道岔。

1. 车轴

车轴一般采用优质碳素钢加热锻压成型，再经热处理和机械加工制成。绝大多数为圆截面实心轴，有些车辆为了降低车辆簧下质量，采用空心车轴。车轴的结构如图4-8所示。

车轴的功能：连接车轮和转向架构架；支撑转向架和车体；传递牵引力；传递制动力；承受车体重量。

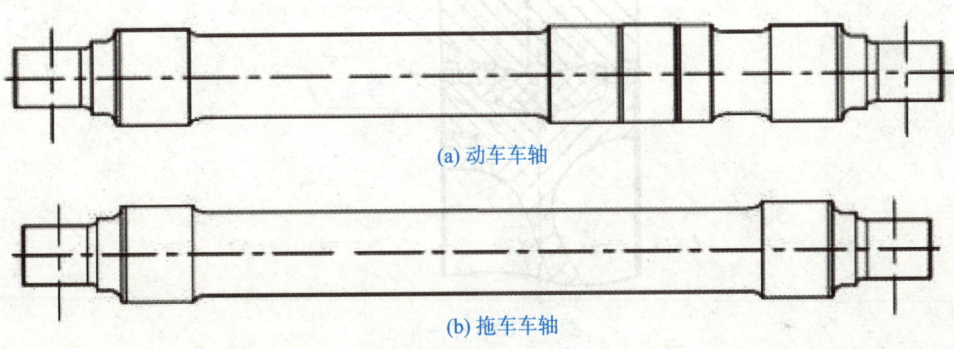

(a) 动车车轴

(b) 拖车车轴

图4-8 车轴的结构

2. 车轮

车轮的结构、形状、尺寸和材质多种多样，我国城市轨道交通车辆多采用整体辗钢轮和弹性车轮。整体辗钢轮结构如图4-9所示，主要由踏面、轮缘、辐板、轮毂等组成。

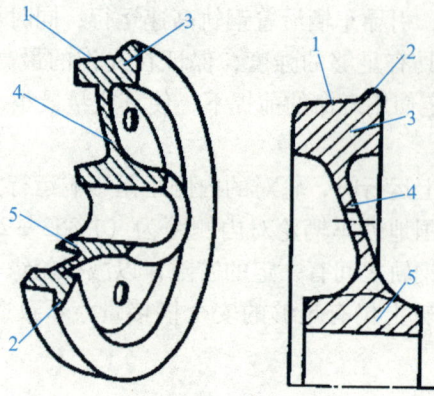

图 4-9 整体辗钢轮结构
1—踏面；2—轮缘；3—轮辋；4—辐板；5—轮毂

弹性车轮（见图 4-10）的轮心和轮毂之间装有弹性元件——橡胶体。在车轮发生振动时，使车轮在空间三维方向上的弹性比较柔软，起到一定的缓冲和减振效果。

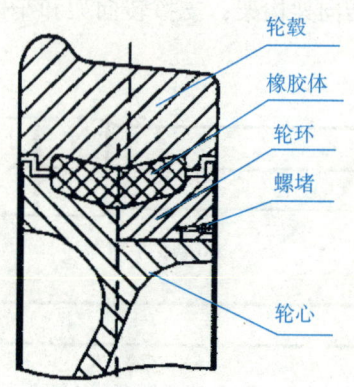

图 4-10 弹性车轮

车轮与钢轨面相接触的外圆周面称为踏面，踏面需要做成一定的斜度，呈锥形，如图 4-11 所示，其主要作用为：

（1）车辆直线行驶时，可自动调中。车轮在直线线路上运行时，如果车辆中心线与轨道中心线不一致，轮对在滚动过程中能自动纠正偏离位置。

（2）车辆曲线行驶时，便于通过曲线。车辆在曲线上运行，由于离心力作用，轮对偏向外轨，由于踏面锥形的存在，外轨上滚动的车轮滚动圆直径较大，而沿内轨滚动的车轮滚动圆直径较小，这正好和曲线区间线路外轨长、内轨短相适应，使轮对顺利通过曲线，减少车轮在钢轨上的滑行。

（3）使踏面磨耗比较均匀。由于车轮踏面具有一定斜度，当车轮在轨道上运行时，回转圆直径也在不停地变化，致使车轮在钢轨上的接触点也不停地变换位置，结果使踏面磨耗比较均匀。

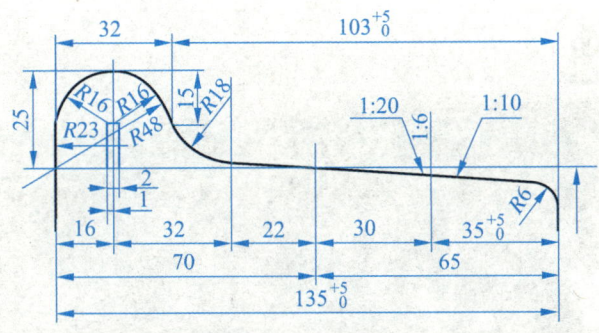

图 4-11 锥形踏面

实践证明,锥形踏面车轮的初始形状在运行中很快被磨耗,当磨耗成一定的形状后,车轮的形状趋于相对稳定。因此,如果一开始就把踏面做成磨耗后的稳定形状,可明显减少轮轨的磨耗,延长车轮的使用寿命。这种磨耗后的踏面形状,我们称之为磨耗型踏面,如图 4-12 所示。

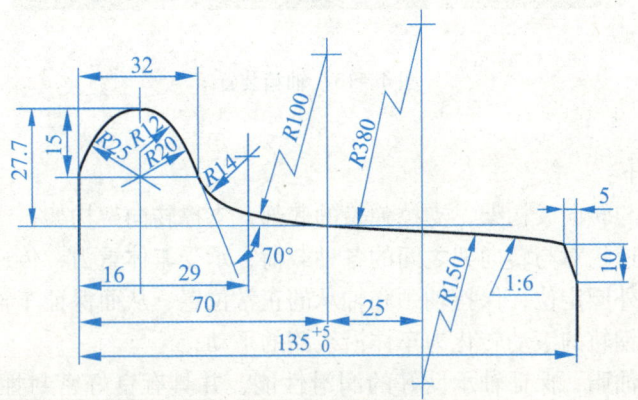

图 4-12 磨耗型踏面

由于车轮踏面有斜度,踏面各处的直径不相同,根据国际铁路组织的规定,距车轮内侧 70 mm 处所测得的圆的直径为车轮的名义直径,简称轮径。我国规定地铁车辆的车轮直径为 840 mm(新轮直径为 840 mm,半磨耗时为 805 mm,最大磨耗时为 770 mm),新车同轴的两轮直径之差不得超过 1 mm,同一动车转向架各轮径之差不得超过 2 mm。

4.3.2 轴箱

车辆的轴箱、轴承及其附属配件,统称为轴箱装置,如图 4-13 所示。现代城市轨道交通车辆大多采用滚动轴承轴箱。滚动轴承按照规定的修程时间检测及更换,轴箱内有润滑装置,通过润滑减少摩擦阻力,改善车轴的运行条件。

图 4-13　轴箱装置

轴箱的作用如下：

(1) 连接轮对与转向架构架，支撑弹簧的底部，支撑转向架构架；

(2) 承受和传递轮对与转向架之间的各种载荷，承受车体重力，传递牵引力、制动力；

(3) 给轴承内外圈定位，保持轴颈和轴承的正常位置，从而保证车轴正常安装位置；

(4) 使轮对沿钢轨的滚动转化为车体沿线路的平动；

(5) 保持轴承油脂，保证轴承良好的润滑性能，并具有良好密封性，防止尘土、雨水等物侵入或油脂甩出，从而防止油脂润滑作用破坏，避免燃轴事故。

轴箱装置主要包括轴箱体、轴承、防尘挡圈、前盖、压盖等。轴箱体采用铸钢材料，轴箱前、后盖采用铝合金材料，有效地减轻了簧下重量。轴箱体采用迷宫式防尘结构。在拖车轴端安装有 ATP 系统的测速装置、滑行控制系统的测速装置和接地装置；动车的滑行控制系统的测速装置也安放在车轴端部，输出的信号传送给制动系统。

滚动轴承主要有圆柱滚子轴承、圆锥滚子轴承、球轴承等。图 4-14 为圆柱滚子轴承装置图，轴承的型式为双列圆柱滚子、自密封结构。轴承的内圈与车轴轴颈采用过盈配合，轴承装在轴箱体内，轴承外圈与箱体为过渡配合。

模块4 转向架

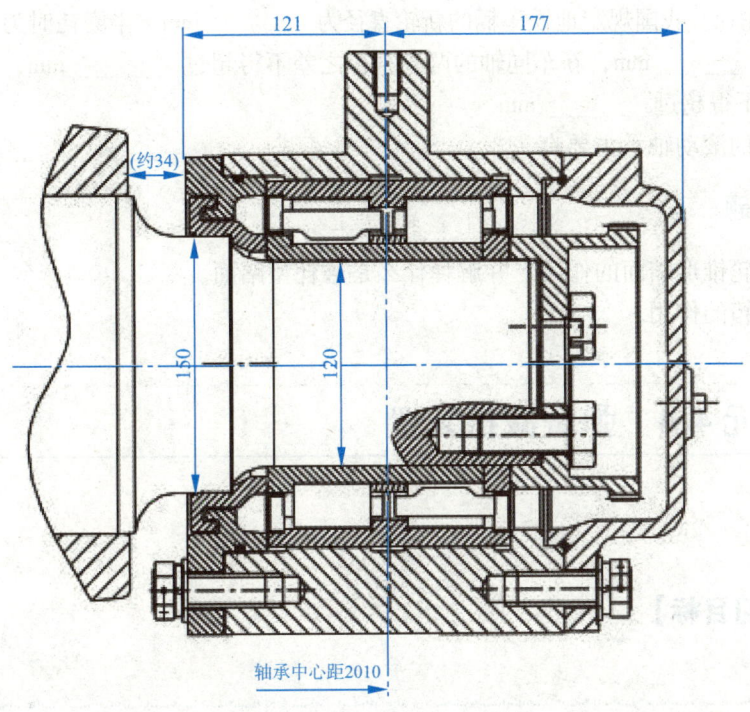

图4-14 圆柱滚子轴承装置

【课后练习】

一、选择题

1. 车轮与车轴的连接属于（　　）。
   A. 过渡配合　　　B. 螺栓连接　　　C. 过盈配合　　　D. 直接铸为一体
2. 我国地铁车辆的轮对内侧距标准为（　　）mm。
   A. 1 205 ±5　　　B. 1 353 ±2　　　C. 1 472 ±5　　　D. 1 575 ±2
3. 新设计的车轮踏面建议采用（　　）形。
   A. 锥　　　　　　B. 平面　　　　　C. 磨耗　　　　　D. 圆
4. 对于牵引电机采用架悬式布置的动车转向架来说，车轴在设计时应考虑（　　）的安装。
   A. 齿轮箱　　　　B. 牵引电机　　　C. 联轴器　　　　D. 液压减振器

二、填空题

1. 轮对组装过程通常采用_____或_____的工艺，使车轮与车轴牢固地结合在一起，使用过程中也不允许有松脱现象。
2. 根据国际铁路组织的规定，距车轮内侧_____mm处所测得的圆的直径为车轮的名义直径，简称轮径。我国规定地铁车辆的新轮直径为_____mm，半磨耗时为_____mm，最大磨耗时为_____mm，新车同轴的两轮直径之差不得超过_____mm，同一动车转向架各轮径之差不得超过_____mm。

3. 轴箱内的滚动轴承主要有_____、_____、_____等。

三、简答题

1. 简述车轮锥形踏面的作用，并解释什么是磨耗型踏面。
2. 简述轴箱的作用。

■ 单元 4.4 弹簧减振装置

【学习目标】

(1) 能辨识一系悬挂、二系悬挂的位置；
(2) 掌握一系悬挂、二系悬挂的作用及类型；
(3) 能分析空气弹簧的工作原理；
(4) 能分析抗侧滚扭杆和液压减振器的原理。

【学习引入】

车体的质量高达数吨，坐落在转向架上，遇到各种冲击，是什么装置起到缓冲和减振作用？想一想车辆在满载和空载时，车厢地板面高度有变化吗？

车辆在轨道上运行时，由于线路不平顺、轨隙、道岔，轨面的缺陷和磨耗以及车轮踏面的斜度、擦伤和轮轴的偏心等原因，必将伴随产生复杂的振动和冲击。为了提高车辆运行的平稳性，保证乘客的舒适度，必须设有弹簧减振装置。弹簧减振装置包括一系悬挂、二系悬挂、抗侧滚扭杆、弹性橡胶元件和减振器。

4.4.1 一系悬挂

一系悬挂装置又称轴箱悬挂装置，安装于轴箱与构架之间，其作用是提供轴箱与构架之间的定位，传递牵引力和制动力，缓冲车轮的冲击。

一系悬挂的形式有很多，目前城市轨道交通常用转臂式一系悬挂，图 4-15 所示为 SDB-140 型转向架一系悬挂，采用双螺旋钢弹簧组结构加橡胶定位节点的转臂轴箱式定位结构。其结构包括：

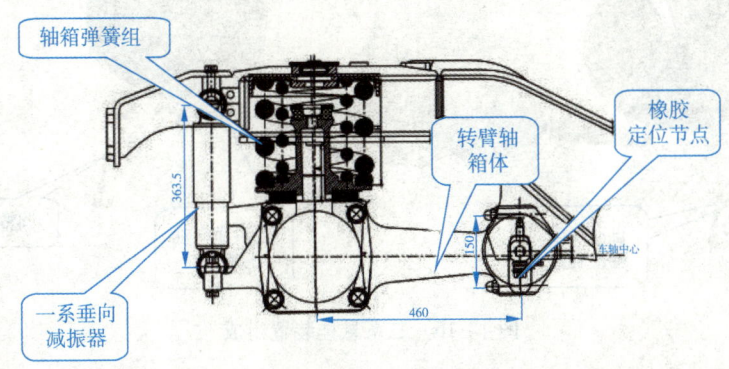

图 4-15　SDB-140 型转向架一系悬挂

（1）轴箱弹簧组：轴箱弹簧组由两个嵌套的螺旋钢弹簧、安装在钢弹簧下面的橡胶减振垫、弹簧上下夹板等组成，主要承受构架的垂向载荷，以及隔离来自轨道的振动。

（2）转臂轴箱体：作为连接轮对与构架的重要部件，为了简化结构，降低自重，采用转臂轴箱体一体化结构，便于组装和维护检修。转臂轴箱体的一端通过弹性橡胶定位节点安装在构架，另一端通过轴箱轴承及轴承压盖与车轴连接在一起。

（3）一系垂向减振器：采用弹性缓冲止挡结构，可有效缓解由于一系减振部件失效带来的对轮对、轴箱等部位的冲击。安装在轴箱外侧，在构架端部和转臂轴箱体之间，方便检查与维护。

（4）橡胶定位节点：结构采用金属、橡胶硫化的弹性元件，采用成熟产品，安装可靠。

4.4.2　二系悬挂

二系悬挂又称中央悬挂装置，安装于车体底架与构架之间，用于缓冲车体各个方向的冲击和振动，控制车体高度，提高车辆运行的平稳性和舒适性。

二系悬挂装置由空气弹簧、二系横向油压减振器、自动高度调整装置、横向止挡等组成，如图 4-16 所示。

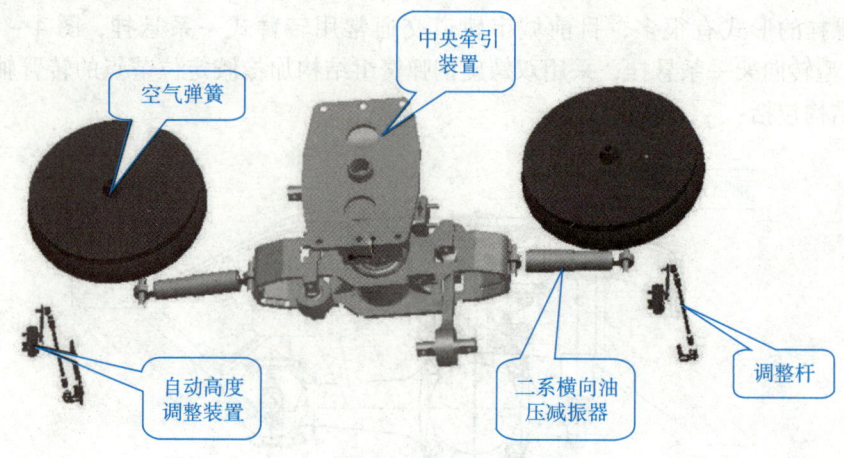

图 4-16 二系悬挂装置组成

1. 空气弹簧

空气弹簧系统由两个空气弹簧、两个高度阀、差压阀和两个附加空气室通过管路连接而成，是转向架构架与枕梁之间的悬挂装置，空气弹簧系统确保车辆保持高度不变。

空气弹簧由胶囊与橡胶堆组成，如图 4-17 所示。胶囊与橡胶堆串联工作，通过对两个部件的优化，可以获得较高的乘坐舒适性。在正常工况下（充气状态），橡胶堆有助于胶囊适应转向架的转动。如果胶囊失效（无气状态），橡胶堆将独立工作，此时上盖下表面与橡胶堆顶部的磨耗板接触，保证一定的支承刚度，保证车辆的安全运营。

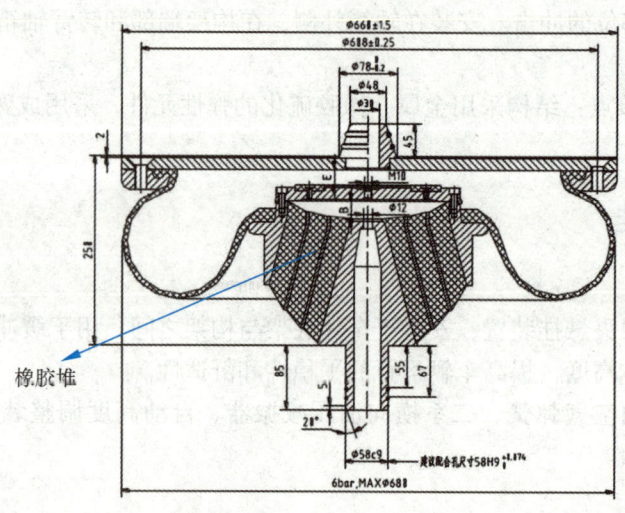

图 4-17 空气弹簧

2. 横向油压减振器

每台转向架采用两个横向油压减振器（见图 4-18），安装在构架侧梁与中央牵引梁之间，其连接节点采用弹性元件。当车辆发生横向振动时，横向油压减振器利用其内部液体的黏滞阻力施加适当的阻尼，吸收振动能量，改善车辆运行的平稳性。

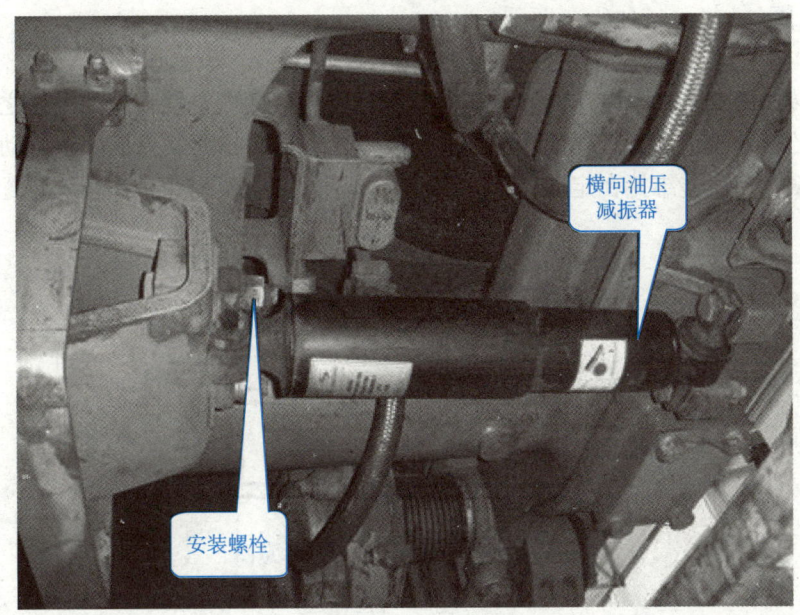

图 4-18　横向油压减振器

3. 自动高度调整装置

自动高度调整装置主要包括高度调整阀、调整杆、水平杆等部件，如图 4-19 所示。在每辆车的转向架和车体之间安装四个高度调整阀，维持车体在不同静载荷下都与轨面保持一定的高度；在直线上运行时，车辆在正常振动情况下不发生进、排气作用；在车辆通过曲线时，如果车体倾斜程度超过无感区后，转向架左右两侧的高度调整阀分别产生进、排气的不同作用，从而减少车辆的倾斜。

水平杆和调整杆的功能是将由于车辆负载引起的高度变化信息，准确地传递给高度调整阀。调整杆两端使用球形关节轴承，能满足车体与转向架间的位移。

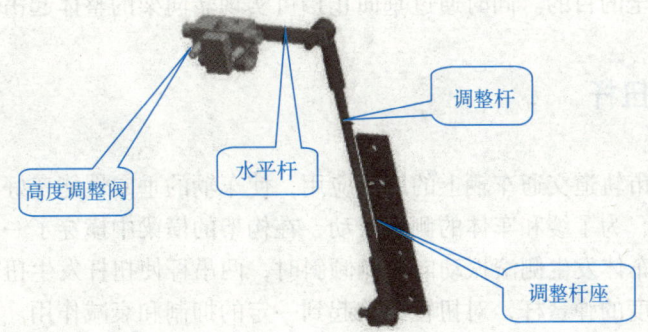

图 4-19　自动高度调整装置

4. 差压阀

每一个转向架安装一个差压阀，差压阀能保证转向架两侧空气弹簧的内压之差不超过行车安全规定的某一定值，其工作原理如图 4-20 所示。若超出时，差压阀将自动连通左右两侧的空气弹簧，使压差维持在定值以下。因此，差压阀在空气弹簧悬挂系统装置中起保证安全的作用。

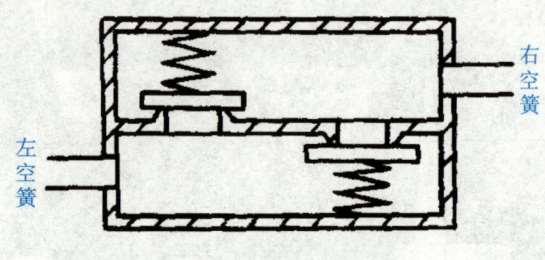

图 4-20　差压阀工作原理示意图

5. 横向止挡

横向止挡用来限制车体的横向摆动，使用弹性橡胶堆，具有适当的弹性以满足运行平稳性和舒适度的要求。所有与弹性橡胶堆相接触的转向架零件都经特殊涂层处理以防腐蚀。

6. 垂向止挡

在转向架中央牵引梁与构架之间设置垂向止挡，垂向止挡的功能是：当车辆出现异常状态时，即空气弹簧处于过充状态、高度调整阀、差压阀同时处于故障状态时，由垂向止挡将车体和构架相对限位，限制空气弹簧的高度，保证车辆与限界之间的有效安全距离，从而达到保证车辆行车安全的目的。同时通过垂向止挡可实现转向架的整体起吊功能。

4.4.3　抗侧滚扭杆

空气弹簧在城市轨道交通车辆上的广泛应用，使车辆的垂向性能变好，但也导致了车辆的抗侧滚能力减小，为了缓和车体的侧滚振动，在构架的横梁中横穿了一根抗侧滚扭杆，如图 4-21 所示。当车体发生侧滚振动向一侧倾斜时，两吊杆使扭杆发生扭转变形，扭杆是一根具有一定扭转刚度的弹簧杆，对扭转振动起到一定的抑制和衰减作用。

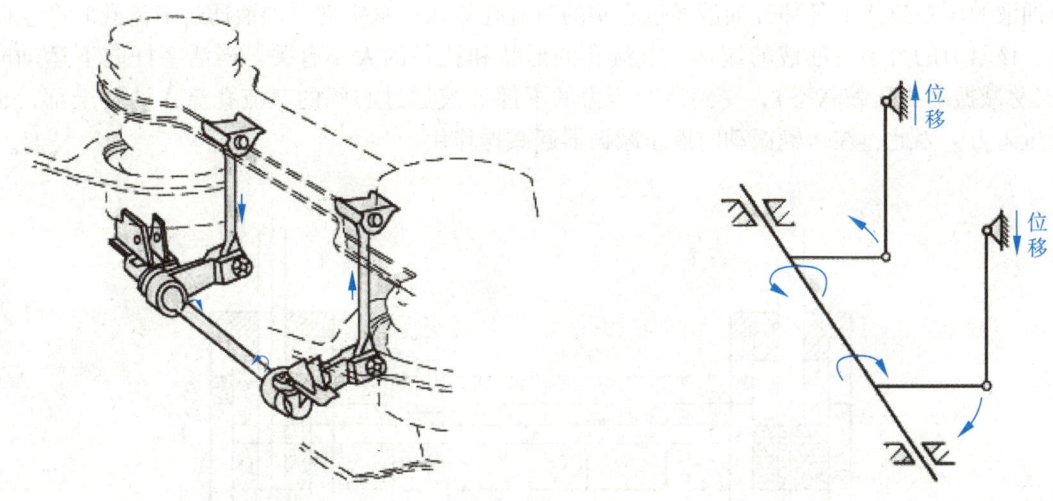

图 4-21　抗侧滚扭杆装置及其示意图

4.4.4　弹性橡胶元件

弹性橡胶元件具有较高内阻，对高频振动的减振以及隔音性有良好的效果；其形状可以自由确定，可同时承受多向载荷，以便于简化结构；可避免金属件之间的磨耗，安装、拆卸简便，无须润滑，故有利于维修、降低成本。

弹性橡胶元件主要应用于弹簧装置与定位装置，如轴箱与构架、弹簧支撑面等金属直接接触的部位，经常采用橡胶衬垫、衬套、止挡等橡胶元件，如二系悬挂的横向止挡和垂向止挡。

但弹性橡胶元件也有其自身的缺陷，主要是耐高温、耐低温和耐油性能比金属弹簧差，使用时间长易老化，而且性能离散度大，同批产品的性能差别可达 10%。

4.4.5　减振器

一系悬挂和二系悬挂中都是用减振器作为振动能量衰减元件，弹簧元件起到缓和冲击的作用，减振器起到衰减振动的作用。城市轨道交通车辆一般都使用液压减振器，如图 4-22 所示。

图 4-22　液压减振器

液压减振器是利用液体黏滞阻力做负功来吸收振动能量的，其工作原理如图 4-23 所示。当活塞杆向上运动时（又称减振器为拉伸状态），油缸上部油液的压力增大，上下两部分油液的压差迫使上部部分油液经过心阀的节流孔流入油缸下部。油液通过节流孔时产生阻力，该阻力的大小与油液的流速、节流孔的形状和孔径的大小有关。当活塞杆向下运动时（又称减振器为压缩状态），受到活塞压力的下部油液通过心阀的节流孔流入油缸上部，也产生阻力，因此，在车辆振动时液压减振器起减振作用。

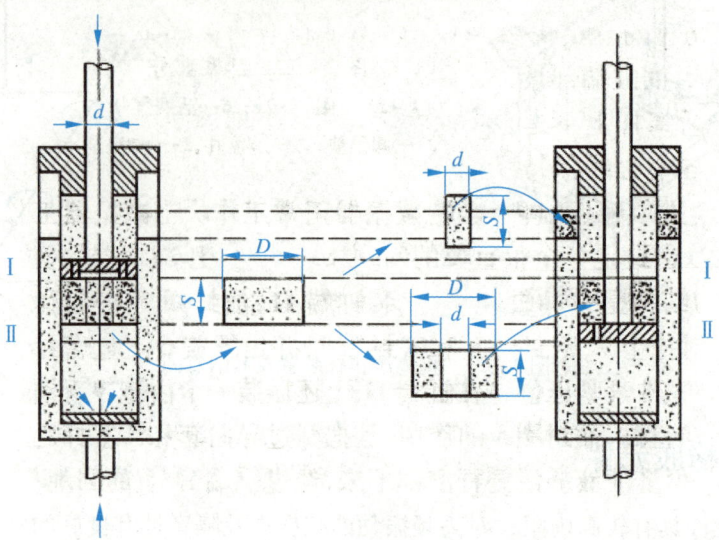

图4-23 液压减振器工作原理

【课后练习】

一、选择题

1. 装在构架与轮对轴箱装置之间的弹簧减振装置属于（　　）。
   A. 一系悬挂装置　　B. 三系悬挂装置　　C. 二系悬挂装置　　D. 没有安装
2. 装在车体与构架之间的弹簧减振装置属于（　　）。
   A. 一系悬挂装置　　B. 三系悬挂装置　　C. 二系悬挂装置　　D. 没有安装
3. 转向架上的（　　）能根据车辆载荷变化自动调节空气弹簧内部压力，从而使车体保持一定高度。
   A. 空气弹簧　　B. 高度控制阀　　C. 抗侧滚扭杆　　D. 差压阀

二、填空题

1. 二系悬挂装置由_____、_____、_____、_____等组成。
2. 空气弹簧系统由两个_____、两个_____、一个_____和两个_____通过管路连接而成，是转向架构架与枕梁之间的悬挂装置，空气弹簧系统确保车辆保持高度不变。

三、简答题

1. 简述一系悬挂的类型及作用。
2. 简述二系悬挂的组成和工作原理。

■ 单元4.5 中央牵引装置

【学习目标】

（1）能正确叙述中央牵引装置的作用；
（2）能正确指示中央牵引装置的结构。

【学习引入】

> 转向架支承车体的重量并驱动车辆行驶，想一想车体与转向架之间应如何连接？车辆运行过程中，车体与转向架之间的各种动力是如何传递的呢？

城市轨道交通车辆普遍采用无摇枕结构的转向架，由于取消了摇枕，车体直接落在空气弹簧上，必须靠牵引装置来实现摇枕所具有的传递纵向力和转向功能。

4.5.1 牵引装置的功能

（1）能够传递纵向力、驱动力和制动力，同时允许二系弹簧在垂向和横向柔和地动作。
（2）纵向具有适当的弹性，以缓和由于转向架点头、车轮不平衡重量等引起的纵向振动。
（3）结构上应便于车体与转向架的分离和连接。

4.5.2 中央牵引装置的结构

转向架不同，中央牵引装置的结构也不相同。图4-24为四种常见中央牵引连接装置。

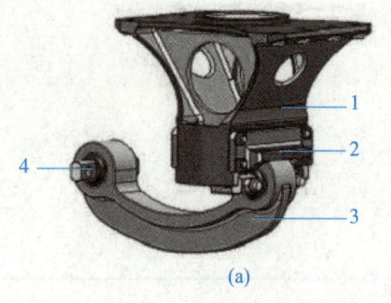

(a)

1—中心销；2—提升止挡；3—牵引杆；4—橡胶弹性定位套

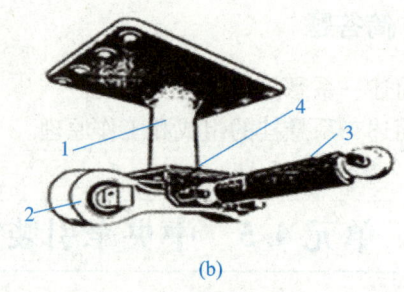

(b)

1—连接座；2—轴；3—减振器；4—牵引座

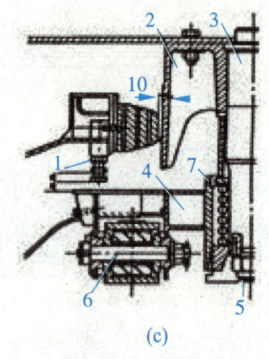

(c)

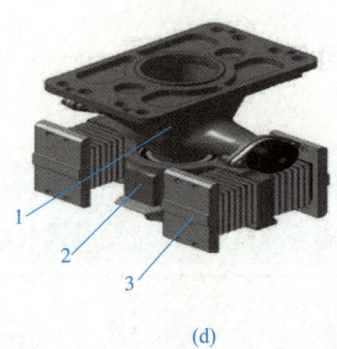

(d)

1—起吊保护螺栓；2—中心销导架；3—中心销；　　1—中心牵引销；2—牵引销座；3—牵引橡胶堆
4—中心架；5—定位螺母；6—牵引杆；7—复合橡胶衬套

图 4-24　四种常见中央牵引连接装置

图 4-25 所示为 SDB-140 型转向架的中央牵引装置，其结构主要包含的零部件有：中心销、中心销套、牵引梁、牵引拉杆等。中心销的上端通过螺栓固定在车体的枕梁中心，下端插入牵引梁内，通过中心销套将中心销与牵引梁固定在一起，牵引梁和构架之间通过两个呈 Z 形布置的牵引拉杆连接；中心销、中心销套、牵引梁之间是无间隙配合，实现了无间隙牵引。主要部件如减振器、牵引拉杆均可方便地进行检查、更换。

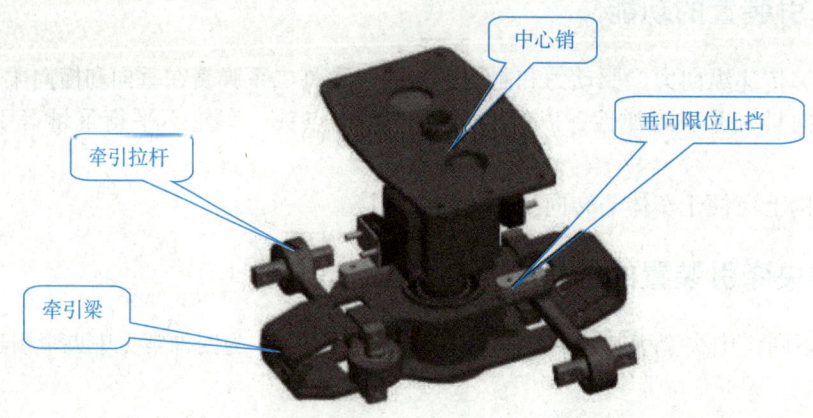

图 4-25　SDB-140 型转向架的中央牵引装置

1. 牵引梁

牵引梁是传递牵引力和制动力的中间载体，一方面通过中心销套与中心销连接，另一方面通过两根呈Z形布置的牵引拉杆与构架相连。

2. 牵引拉杆

每套牵引装置使用两个呈Z形布置的牵引拉杆。它的两端为弹性橡胶节点。牵引拉杆的一端与构架相连，另一端与牵引梁相连。

3. 牵引销

牵引销的上部通过螺栓固定到车体的枕梁上，下端插入牵引梁座孔内。

【课后练习】

一、填空题

1. 城市轨道交通车辆普遍采用无摇枕结构的转向架，由于取消了摇枕，车体直接落在空气弹簧上，必须靠牵引装置来实现摇枕所具有的_____和_____功能。
2. SDB-140型转向架的中央牵引装置，其中心销的上端通过螺栓固定在车体的_____，下端插入_____内，通过中心销套将中心销与牵引梁固定在一起，牵引梁和构架之间通过两个呈_____形布置的牵引拉杆连接。

二、简答题

1. 简述中央牵引装置的功能。
2. 简述SDB-140型转向架的中央牵引装置的结构。

单元4.6 牵引传动装置

【学习目标】

（1）能正确叙述牵引传动装置的作用及电机的动力传递路线；
（2）能正确分析牵引电机的布置形式；
（3）熟悉齿轮箱和联轴器的结构。

【学习引入】

> 动车转向架上安装有牵引电机,牵引电机是如何安装的呢?牵引电机的动力是如何传递到驱动车轮上的呢?

牵引传动装置一般由牵引电机、联轴器和齿轮箱组成,其作用是将牵引电机提供的转矩,通过联轴器传递给齿轮箱,再经齿轮箱实现减速增矩,最终驱动车轮的旋转,其结构如图4-26所示。

图4-26 牵引传动装置结构

4.6.1 牵引电机

牵引电机的布置形式直接影响转向架的动力性能。根据牵引电机在转向架上的悬挂方式不同,可以分为轴悬式、架悬式和体悬式布置。

1. 轴悬式牵引电机布置

牵引电机的一端通过两个抱轴承刚性地支承在车轴的抱轴颈上,另一端通过一根弹性吊杆吊于构架的横梁,形成三点支撑。而齿轮箱除了同样通过两个抱轴承支承在车轴上外,其靠近电机一侧则用螺栓与电机壳体固定在一起,由电机壳体提供第二点支撑,如图4-27所示。这样,除了满足齿轮箱的三点稳定支撑要求外,还能保证大、小齿轮啮合过程的良好随动性和平稳性。特点是结构简单,但簧下质量较大,仅适用于120 km/h以下的运行速度。

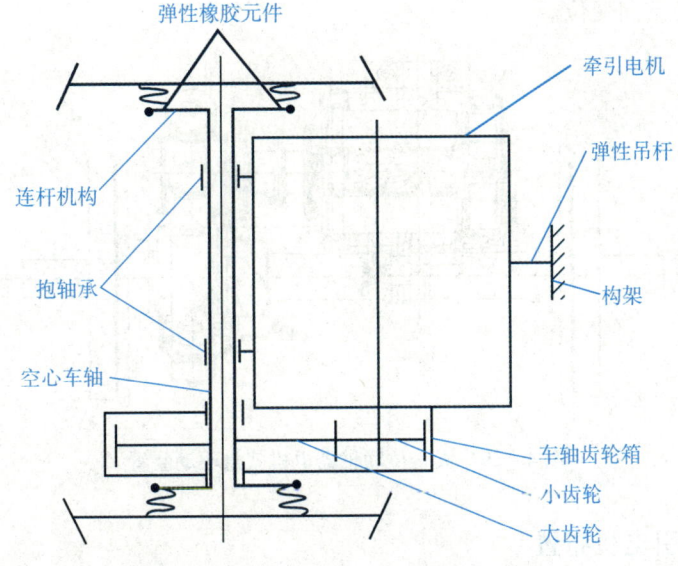

图 4-27 轴悬式牵引电机布置示意图

2. 架悬式牵引电机布置

架悬式是指将牵引电机整个悬挂在构架上，其全部质量由转向架构架承担，不再与车轴发生直接的联系，而电机输出转矩通过弹性联轴器传递给齿轮箱，驱动车轮的旋转，其布置示意图如图 4-28 所示。

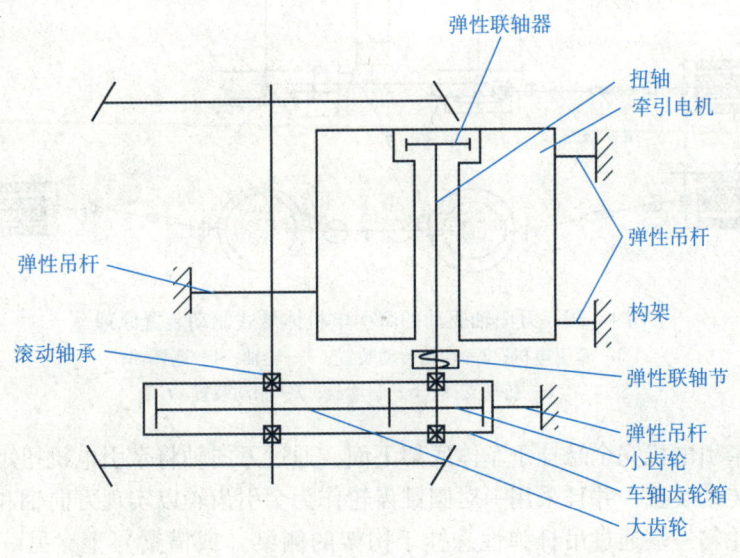

图 4-28 架悬式牵引电机布置示意图

我国地铁普遍采用大变位联轴器电机架悬驱动装置，如图 4-29 所示。大变位联轴器电机架悬驱动装置的牵引电机为架悬，小齿轮、大齿轮及齿轮箱为轴悬，齿轮箱尾部吊挂承载。在电机电枢轴输出端和齿轮箱小齿轮输入端的两轴间，通过布置大变位联轴器来适应电机轴与车轴间的各方向变位。

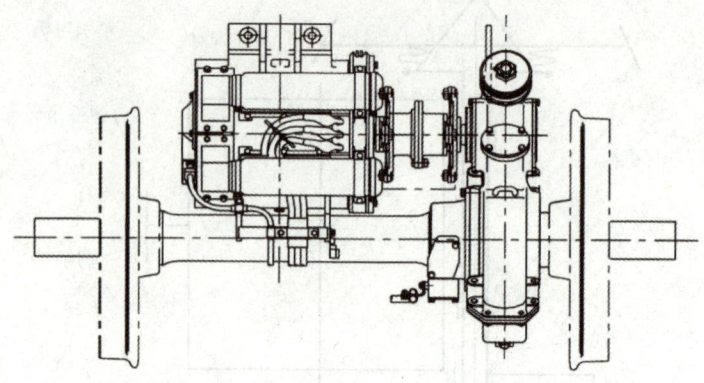

图 4-29 大变位联轴器电机架悬驱动装置

3. 体悬式牵引电机布置

体悬式是将牵引电机完全安装在车体底架下面，其全部质量都由底架承担。而驱动扭矩则由万向驱动机构（通常是万向轴）来传递。图 4-30 是一种万向轴驱动的牵引电机体悬式驱动装置原理图。

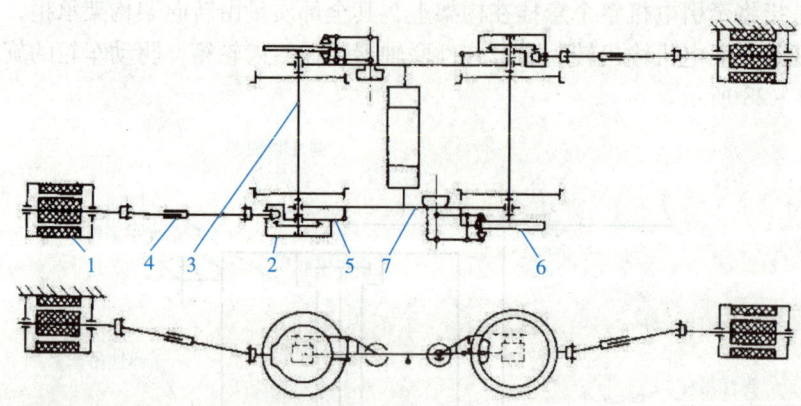

图 4-30 万向轴驱动的牵引电机体悬式驱动装置原理
1—牵引电机；2—齿轮传动装置；3—轮轴；4—连杆轴；
5—传动支撑；6—制动盘；7—制动装置

体悬式的牵引电机完全悬挂于车体底架下面，通过万向轴将牵引电机扭矩传递给安装在车轴上的齿轮传动装置，并且采用一对圆锥齿轮作为牵引齿轮以实现万向轴和车轴之间的直角传动。而齿轮箱一端通过吊杆弹性悬挂于构架的侧梁（或横梁）上，另一端则借助于滚动轴承抱在轮对车轴上。万向轴在传递扭矩的同时，能较好地补偿牵引电机与车轴齿轮箱之间各个方向的相对运动。其特点是牵引电机完全悬挂于车体之上，可减轻转向架质量，提高转向架高速运行时的平稳性和稳定性，同时充分改善了牵引电机的工作条件。牵引齿轮的工作条件并未有所改善，万向轴和圆锥齿轮传动系统的传动效率有所降低，万向轴的制造工艺要求高，整个驱动装置结构复杂。

4.6.2 联轴器

我国地铁普遍采用大变位联轴器电机架悬驱动装置,这种结构由于牵引电机和车轴之间存在一定的相对跳动,所以必须要使用大变位联轴器,如图 4-31 所示。大变位联轴器应能保证牵引电机轴和小齿轮轴在产生偏移时,仍能正常地传递电机转矩。

图 4-31 联轴器

4.6.3 齿轮箱

齿轮箱的主要功能是将牵引电机输出的动力,经过齿轮箱的减速增矩作用,传递给轮对,从而驱动列车的运行。其结构包括一对相互啮合的斜齿轮、齿轮箱和轴承等,如图 4-32 所示。齿轮箱的箱体一端通过轴承安装在车轴上,另一端通过吊杆吊装于构架横梁上。齿轮箱具有良好的润滑和密封系统,以保证齿轮箱的正常工作。

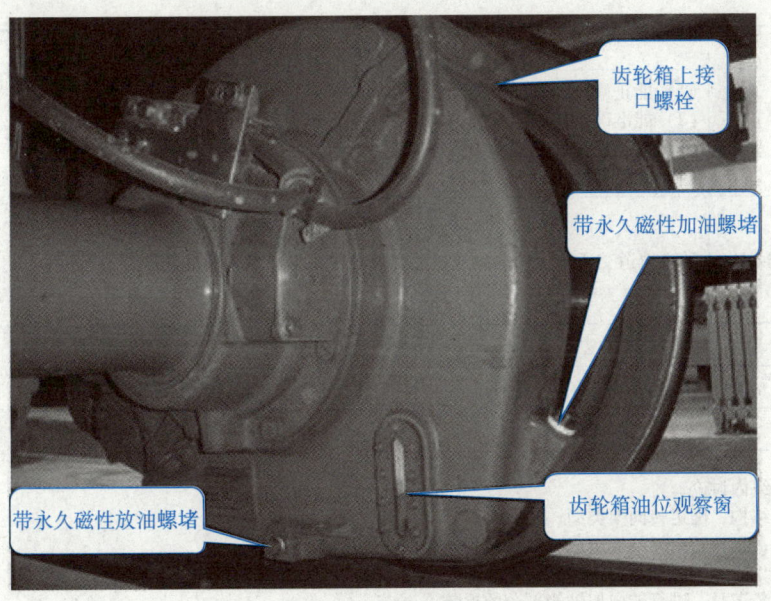

图 4-32 齿轮箱

【课后练习】

一、选择题

1. 地铁电动列车牵引电机的型式为三相（　　）笼型异步电机。
   A. 交流　　　　B. 直流　　　　C. 牵引梁　　　　D. 直线
2. 架悬式牵引电机布置，电机重量由（　　）承担。
   A. 车体　　　　B. 构架　　　　C. 车轴　　　　D. 车体和构架共同

二、填空题

1. 牵引传动装置一般由_____、_____和_____组成。
2. 牵引电机的布置形式直接影响转向架的动力性能。根据牵引电机在转向架上的悬挂方式不同，可以分为_____、_____和_____布置。

三、简答题

分析牵引电机的驱动力是如何从动车转向架传递到拖车转向架的。

【实训考核】

实训任务	城市轨道交通车辆转向架整体结构认知
实训目标	（1）能正确判断转向架的类型； （2）能准确指认转向架的结构，并描述各组成部件的功能； （3）能正确指示车辆动力传递路线； （4）能正确使用拆装工具进行简单部件的拆装。
实训材料及准备	城市轨道交通车辆转向架或相关实训设备，拆装工、量具

班级		姓名	
学习小组		时间	
实训过程			

（1）分组练习、组内讨论；
（2）对照转向架结构，确定转向架类型；
（3）对照转向架，指认转向架结构组成，并描述各组成部分的功能；
（4）对照转向架，指示转向架动力传递路线；
（5）正确利用拆装工具，进行转向架轴箱部分的拆装；
（6）组内考核，教师分组考核。

续表

指导教师打分及评语：

指导教师签字： 日期： 年 月 日

模块 5 车辆连接装置

单元 5.1 车钩缓冲装置

【学习目标】

(1) 了解车钩缓冲装置的作用;
(2) 掌握密接式车钩的结构和工作原理;
(3) 了解不同缓冲器的缓冲原理。

【学习引入】

车辆车钩使列车车辆相互连接,实现相邻车辆之间的纵向力传递和车厢通道的相连。那么车钩是如何作用的?如何保证连接可靠?缓冲装置又有什么作用?

5.1.1 车钩缓冲装置的作用

车钩缓冲装置是车辆的基础部件之一,用来实现车辆与车辆之间的连接,并使车辆间保持一定距离，同时连接车辆间的电路和气路；在列车运行时，传递车辆间的牵引力、制动力和其他纵向冲击力，同时缓和及衰减车辆间的冲击力。车钩缓冲装置包括车钩和缓冲装置，车钩主要用于传递列车的纵向力，缓冲装置用于缓和车辆之间的冲击力。

5.1.2 车钩的分类

根据车钩是否有垂向位移，可以分为刚性车钩和非刚性车钩。如图 5-1 所示。

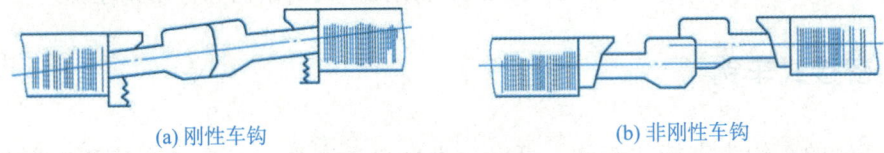

(a) 刚性车钩　　　　　　　　　　(b) 非刚性车钩

图 5-1　刚性车钩和非刚性车钩

刚性车钩又称为密接式车钩，它的连接不允许两联挂车钩存在相对位移，联挂后两车钩就成为一个整体，故称为密接式。如果两相邻车体有高度差，则车钩中心线呈倾斜状态，这种车钩多用于城轨车辆和部分动车组上。如图 5-2 所示。

图 5-2　刚性车钩

非刚性车钩两联挂车钩之间存在间隙，前后、左右均有间隙，且在垂直方向不约束，多用于铁路机车和铁路车辆。如图 5-3 所示。

图 5-3　非刚性车钩

刚性车钩与非刚性车钩相比，有以下优点：（1）减小了两个车钩连接表面之间的间隙，从而降低了列车中的纵向力，提高了列车运行的平稳性；减小了车钩间的相互冲击，降低了噪声。（2）由于车钩零件的位移减小了，并且在这些零件上作用的力也减小了，因此改善了车钩内零件的工作条件。（3）减少了车钩连接表面的磨耗。缺点是：（1）车钩强度低；（2）需要复杂的钩尾销连接结构和复杂的对心装置；（3）钩体的结构和制造工艺较为复杂。

本模块以城市轨道交通车辆为例，重点讲述刚性车钩的结构和作用原理。

5.1.3 密接式车钩

城轨车辆的车钩为密接式车钩，可以分为全自动车钩、半自动车钩和半永久牵引杆三种。

1. 全自动车钩

全自动车钩位于列车端部，其电气和风路连接装置都组装在钩头上。当车辆联挂时，车钩的机械、电路、风路系统都能自动连接；解钩时，可在司机室按动解钩按钮实现自动解钩，也可以手动操纵进行解钩。解钩后，车钩即处于待挂状态；电气连接器通过盖板自动关闭，以防止水、尘土等杂物进入；风管连接器也自动关闭，防止压缩空气泄漏。

目前城市轨道交通车辆中使用较多的自动车钩有两种：一种是国产密接式车钩，采用半圆形钩舌；另一种是夏芬伯格（Scharfenberg）密接式车钩，采用拉杆式连接结构。

1) 国产密接式车钩

国产密接式车钩主要由车钩钩头、橡胶金属片式缓冲器、风管连接器、电气连接器和解钩系统组成，缓冲器位于钩头的后部。如图 5-4 所示。车辆联挂时依靠两车钩相邻钩头上的凸锥和凹锥孔的相互插入，实现两车钩的紧密连接；同时自动将两车之间的电路和空气通路接通。在两车分解时，亦可自动解钩，并自动切断两车之间的电路和空气通路。

图 5-4　国产密接式车钩

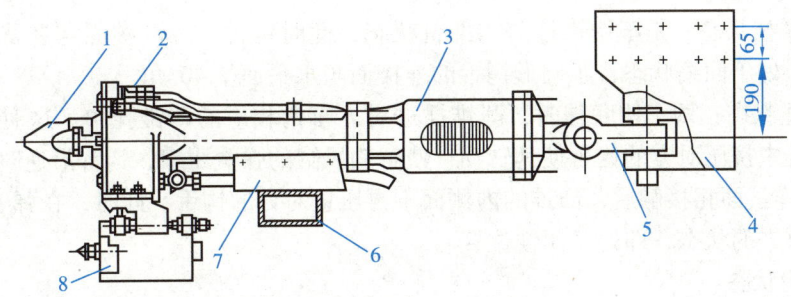

图 5-4 国产密接式车钩（续）

1—密接式车钩钩头；2—风管连接器；3—橡胶金属片式缓冲器；4—冲击座；
5—十字头；6—托梁；7—磨耗板；8—电气连接器

钩头结构如图 5-5 所示，包含凸锥孔和凹锥孔，内部还有半圆形钩舌、解钩杆、解钩杆弹簧和解钩风缸。该车钩有待联挂状态、联挂状态和解钩状态。作用原理如图 5-6 所示。

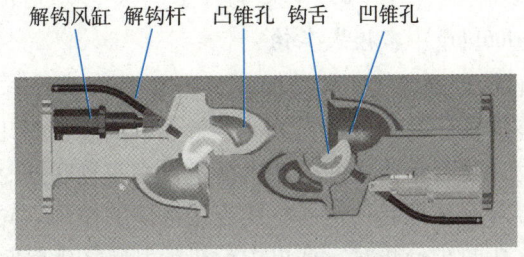

图 5-5 国产密接式车钩钩头结构

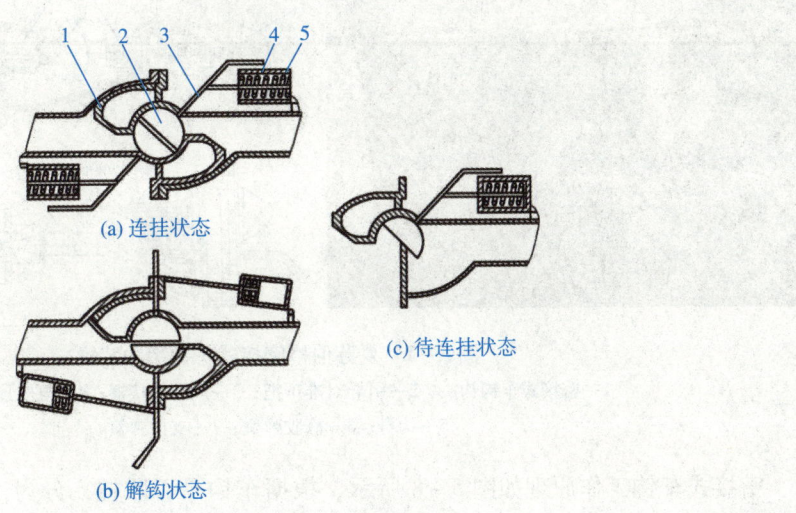

(a) 连挂状态

(b) 解钩状态

(c) 待连挂状态

图 5-6 密接式车钩作用原理

1—钩头；2—钩舌；3—解钩杆；4—弹簧；5—解钩风缸

（1）待联挂状态：是车钩连接前的准备状态，此时钩舌定位杆被固定在待挂位置，解钩风缸活塞杆处于回缩状态，半圆形钩舌的连接面与水平面呈40°角。

（2）联挂状态：两车钩联挂时，凸锥插进对方车钩相应的凹锥孔中。这时凸锥的前端内侧面在前进中挤压对方的钩舌使其转动，使解钩风缸的弹簧压缩，钩舌沿逆时针方向旋转40°。当两钩连接面相接触后，凸锥的内侧面不再压迫对方的钩舌。此时，在弹簧的作用下，钩舌恢复到原来的状态，即处于闭锁位置。

（3）解钩状态。

① 自动解钩：要使两钩分解，需由司机操纵解钩按钮，触发电磁阀，使压缩空气由总风管进入一辆车的解钩风缸，经解钩风管连接器送入相联挂的另一辆车的解钩风缸，此时活塞杆向前推并带动解钩杆，使钩舌转动至开锁位置，此时两钩即可解开。两钩分解后，解钩风缸的压缩空气迅速排出，解钩弹簧恢复，从而带动钩舌顺时针方向转动40°恢复到待联挂状态，为下次联挂做好准备。

② 手动解钩：手动解钩只要用人力扳动解钩杆，就能使钩舌转动至开锁位置，实现两钩的分解。

2）夏芬伯格（Scharfenberg）密接式车钩

夏芬伯格（Scharfenberg）密接式车钩缓冲装置如图5-7所示。它主要由密接式车钩钩头、电气连接器、风管连接器、对中装置、缓冲装置和解钩装置等几部分组成。缓冲装置用于缓和车钩之间的作用力，吸收车钩之间的冲击能量。在车辆联挂时，车钩前端的锥形喇叭口引导两车钩精确对中，对准爪把起到扩展车钩连接范围的作用。同时自动将两车之间的电气线路和空气通路连通。在两车分解时，亦可由司机控制解钩电磁阀自动解钩，并自动切断两车之间的电气线路和空气通路。

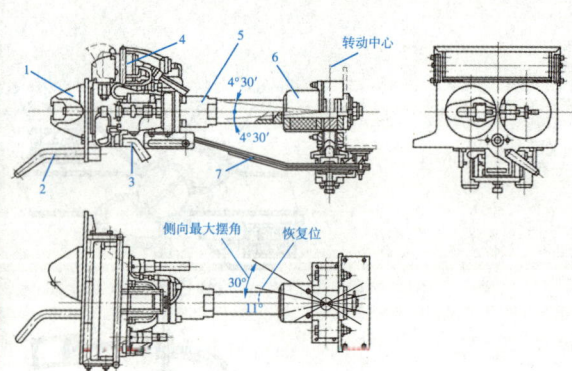

图5-7 夏芬伯格密接式车钩缓冲装置
1—密接式车钩钩头；2—引导对准爪把；3—风管连接器；4—电气连接器；
5—钩身；6—橡胶弹簧；7—支撑弹簧

密接式车钩工作原理如图5-8所示，根据车钩是否联挂，分为三种状态：待联挂、联挂和解钩。其工作原理如下。

（1）待联挂状态：此时钩头中的钩锁连接杆轴线平行于车钩的轴线，钩锁连接杆弹簧处于最大拉伸状态，钩锁连接杆退缩至钩头内，钩舌上的钩嘴对着钩头正前方。

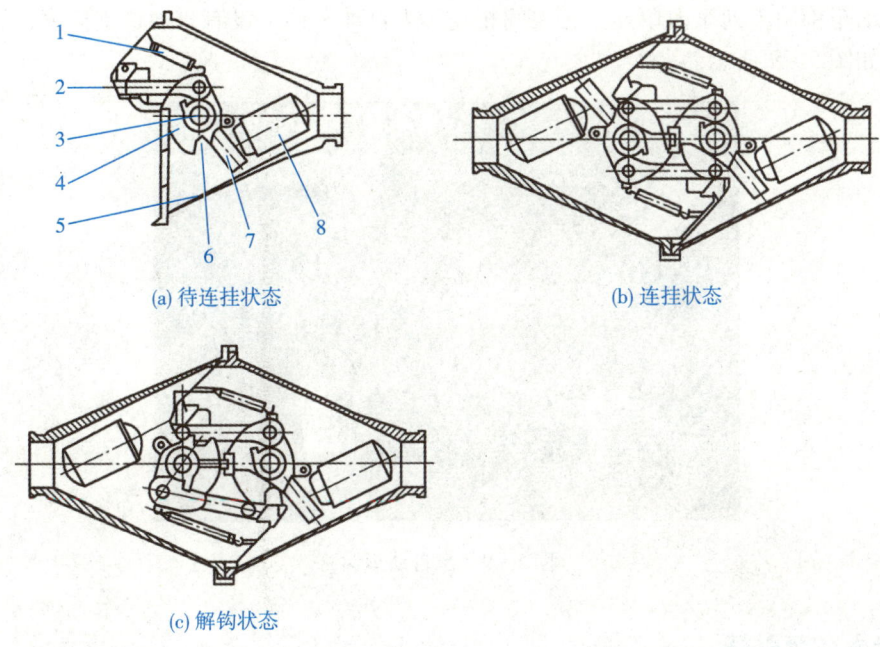

图 5-8 密接式车钩工作原理
1—钩锁连接杆弹簧；2—钩锁连接杆；3—中心轴；4—钩舌；5—钩头壳体；
6—钩嘴；7—解钩杆；8—解钩风缸

（2）联挂状态：两钩联挂时，原来处于待联挂状态的两钩相互接近并碰撞，在钩头前端的锥形喇叭口引导下彼此精确地对中，两钩向前伸出的钩锁连接杆由于受到对方钩舌的阻碍，各自推动钩舌绕顺时针方向转动，直至在弹簧拉力作用下钩锁连接杆滑入对方钩舌的嘴中，并推动钩舌绕逆时针方向返回到原来位置为止。

此时两钩的钩锁连接杆与钩舌构成一平行四边形，从而保证力的平衡。钩锁承受的力均匀地分布在两个连接杆上。当车辆联挂运行时，车钩受拉力作用，拉力均匀地分配在两钩锁连接杆上，使车钩始终处于锁闭位置。当车辆推进或制动时，车钩受压缩力作用，车钩壳体紧密贴合传递力，车钩也始终处于锁闭位置。

（3）解钩状态：司机操纵解钩按钮，控制电磁阀使压缩空气进入解钩风缸，风缸活塞杆在压力空气的作用下，推动钩舌做顺时针转动，钩锁连接杆弹簧拉伸，使车钩的钩锁脱离相邻车钩的钩舌，实现车钩解钩。当两车完全分离后，钩锁连接杆在弹簧的作用下回复原位，此时车钩恢复到待联挂状态。除了电动解钩外，也可以手动解钩。手动解钩通过拉动钩头处的解钩杆，经杠杆传递，使钩舌转动，直至钩锁连接杆脱离钩舌钩嘴，此时两钩脱离，车钩处于解钩状态。

2. 半自动车钩

半自动车钩多用于两编组单元之间的车辆联挂。连接形式与自动车钩相同，联挂方式和锁闭方式也相同。半自动车钩也能实现车钩机械部分和风管连接器的自动连接，但是电气连接装置需要手动连接。在解钩时机械和风路部分可以自动，也可以手动操作，但不能在司机室集中控制。

半自动车钩用于列车内单元车辆之间相连，半自动车钩上设有贯通道支撑座，用于支撑贯通道。如图5-9所示。

图5-9　半自动车钩

3. 半永久牵引杆

半永久牵引杆用于同一单元内车辆之间的编组，使之成为一个单元。列车单元在运行过程中一般不需要分解，只在检修时才需要分解，所以当两车联挂时即形成刚性连接。

半永久牵引杆是将两车的连接方式由车钩连接改为牵引杆连接，取消了风路和电路的连接。风路和电路的连接只能依靠手动连接。这样的连接方式间隙最小，垂向运动和转动也很小，可以保证列车在脱轨时，车辆之间仍然可以保持相对位置，防止车辆重叠和颠覆，减少列车起动及制动时的冲动。

每个半永久牵引杆上均有贯通道支撑座，用于车辆运行过程和解钩之后支撑贯通道。支撑座可以承受车辆正常运行时超员情况下贯通道所承受的载荷。不同种类的车辆所安装的半永久牵引杆的结构可能有所不同，连接原理是一致的。如图5-10所示。

图5-10　半永久牵引杆

模块5 车辆连接装置

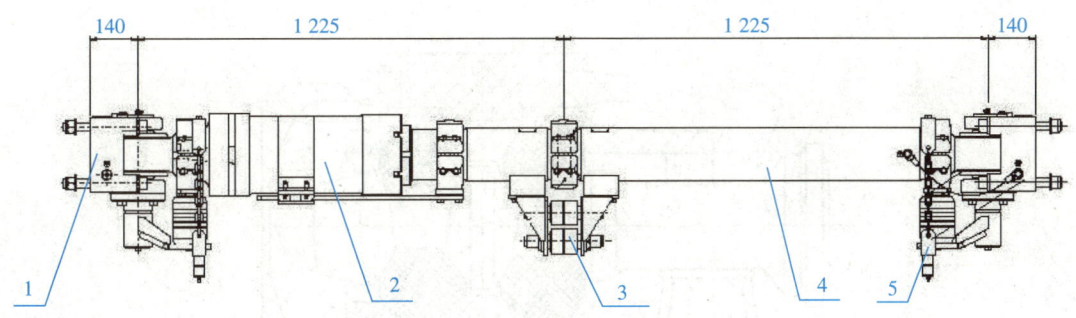

图 5-10 半永久牵引杆（续）
1—安装吊挂系统；2—缓冲系统；3—风管连接器；4—牵引杆组成；5—风管座

5.1.4 缓冲装置

缓冲装置主要是用来传递和吸收纵向冲击力的，城轨车辆中采用的缓冲装置主要有以下几种形式。

1. 环形橡胶缓冲器

该缓冲器主要由牵引杆、缓冲器体、环形橡胶弹簧等几部分组成，属于免维护橡胶缓冲装置。缓冲器安装在车钩安装座上，可以吸收拉伸和压缩能量，半自动车钩和牵引杆均用相同的方法安装固定，如图 5-11 所示。缓冲装置间不存在间隙，在承受拉伸和压缩载荷的同时，可以承受较大的剪切力。缓冲装置允许车钩做垂向摆动和扭转运动。缓冲装置的支撑座用 4 个螺栓固定在车体底架上。

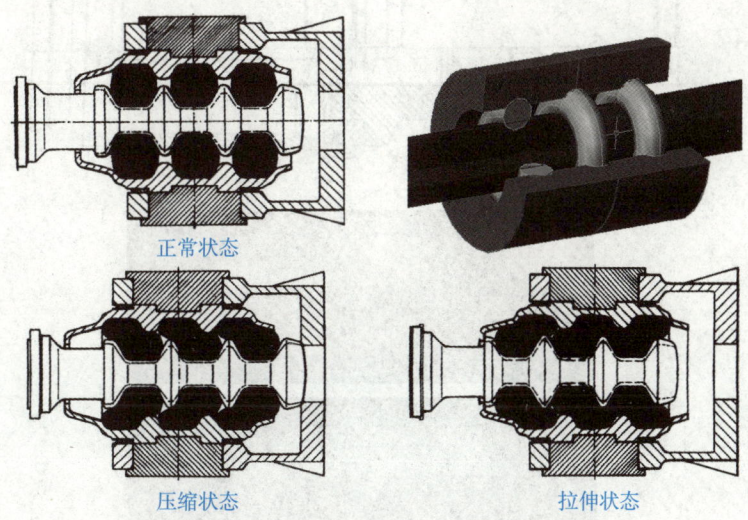

图 5-11 环形橡胶缓冲装置

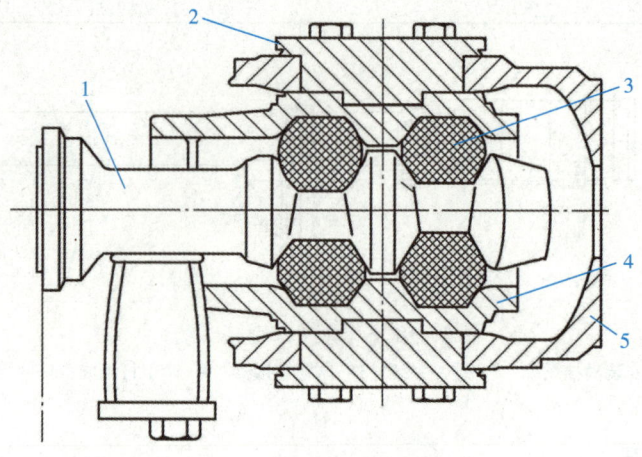

图 5-11 环形橡胶缓冲装置（续）
1—牵引杆；2—安装座；3—环形橡胶弹簧；4—缓冲器体；5—支撑座

2. 可压溃变形管

可压溃变形管是车钩缓冲装置的重要部件，用来吸收车辆冲击能量。它由一个预装载的压溃管和一个冲头组成。当车辆在事故中或在碰撞速度超过 8 km/h 时，车钩、缓冲器所受到的冲击力超过缓冲器设定的容量，冲头压在压溃管上加宽了压溃管，此时压溃管变形，吸收多余的能量，起到保护车体的作用。可压溃变形管一旦动作，必须更换，它是一次性的部件。

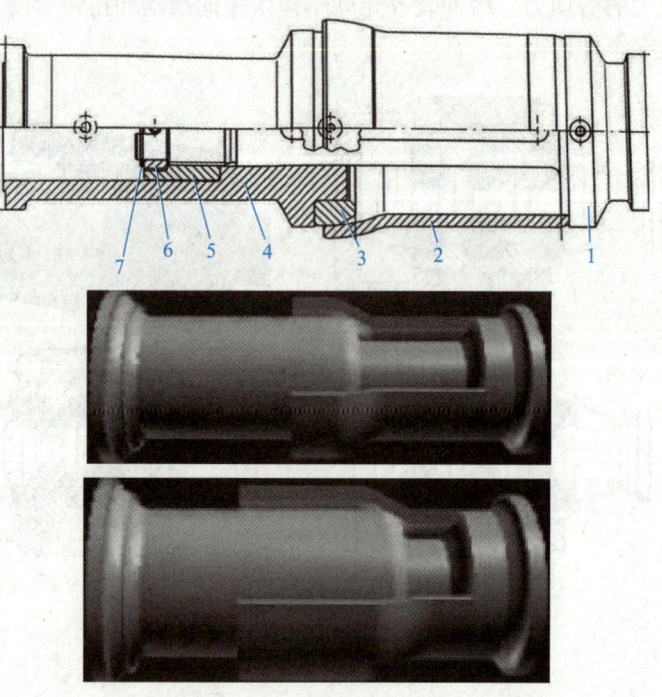

图 5-12 可压溃变形管
1—轴颈；2—压溃管；3—冲头；4—压溃体；5—锁紧螺母；6—锁紧装置；7—保持环

5.1.5 附属装置

1. 风管连接器

1) 不带自闭装置的风管连接器

如图 5-13 所示。当车钩互相联挂时，密封圈互相接触受压，借助于滑套、橡胶套和前弹簧使压力达到 70~160 N，保证气路开通时不会泄漏。在制动主管连接器后端的管路上装有一个截止阀。正常解钩时，首先将截止阀关闭，以防止制动主管排风而产生紧急制动。

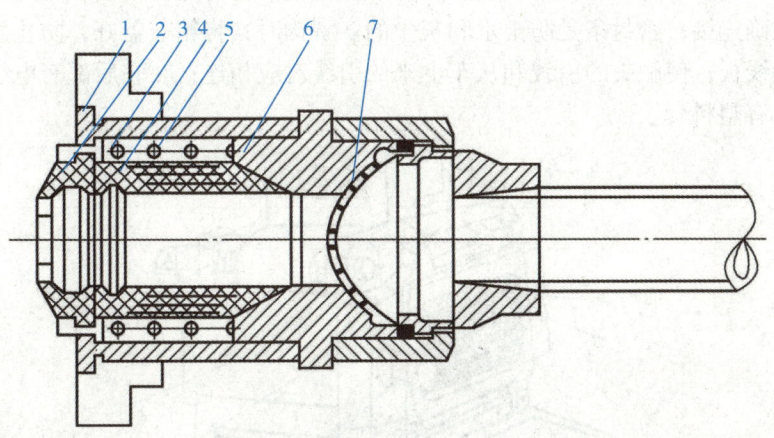

图 5-13　不带自闭装置的风管连接器
1—阀壳；2—密封圈；3—滑套；4—橡胶套；5—前弹簧；6—后接头；7—滤尘网

2) 自动开闭式风管连接器

如图 5-14 所示。自动开闭式风管连接器具有自动开闭装置。当两车钩联挂时，顶杆与

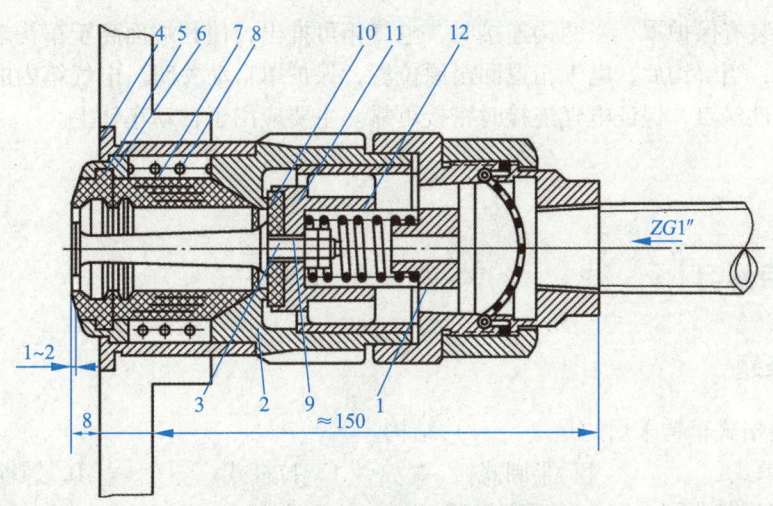

图 5-14　自动开闭式风管连接器
1—后接头；2—阀体；3—顶杆；4—阀壳；5—密封圈；6—滑套；7—橡胶套；
8—前弹簧；9—调整垫片；10—阀垫；11—滑阀；12—顶杆弹簧

密封圈同时受压,密封圈在防止泄漏的同时,顶杆压缩阀垫、滑阀和顶杆弹簧,阀垫和滑阀后退,使阀垫与阀体脱开,气路开通。解钩时由于密封圈和顶杆失去压力,在弹簧的作用下,各部件恢复原位,风路断开。

2. 电气连接器

电气连接器如图 5-15 所示,通过悬吊装置使钩体与电气连接器成弹性连接。两车钩联挂时,箱体可退缩 3~4 mm,靠弹簧压力,保证良好接触;触头上焊有银片,以减小电阻。它与箱体成弹性连接,靠弹簧压力保证触头处于可伸缩状态,相互接触良好,保证电流畅通。箱体的一侧有一个定位销,对称侧有定位孔,两钩联挂时定位销插入对应的定位孔,以保证触头的准确连接;密封条是防雨水和灰尘的。解钩时,将箱盖盖好,防止触头损坏。箱体内还设有接线板,使触头的引线和从车上来的引线对应相连;在它后部有电线孔,为防止电线磨损,设有塑料套。

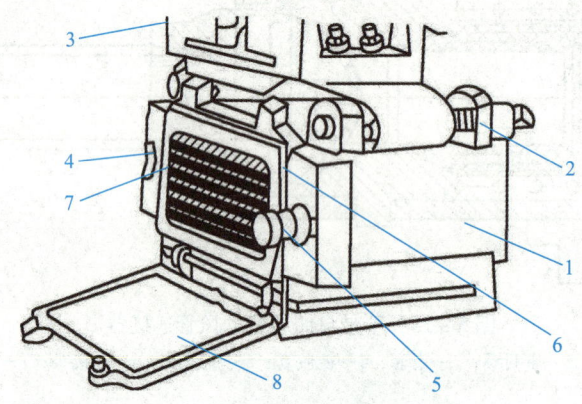

图 5-15 电气连接器

1—箱体;2—悬吊装置;3—车钩;4—定位孔;5—定位销;6—密封条;7—触头;8—箱盖

电气箱外装有保护罩,当两钩连接时,电气箱可推出,使其端面高于车钩端面,此时保护罩自动开启;当解钩后,电气箱退回至原位置,保护罩自动关闭。电气箱内的触点分别为固定触点和弹性触点,保证电气连接时密接可靠。主要应用于自动车钩上。

【课后练习】

一、选择题

1. 夏芬伯格式车钩采用的是( )结构。
    A. 握拳式   B. 半圆式   C. 拉杆式   D. 螺栓连接
2. 刚性车钩与非刚性车钩的区别在于( )。
    A. 是否有纵向位移 B. 是否有垂向位移 C. 是否能自动联挂 D. 是否能自动摘解

二、填空题

1. 城轨车辆的车钩可以分为_____、_____和_____三种。
2. 可压溃变形管由_____、_____组成,一旦动作,必须_____。

三、简答题

1. 车钩缓冲装置的作用是什么?
2. 分析对比城轨车辆三种车钩的区别。

单元 5.2 贯通道装置

【学习目标】

(1) 理解贯通道的作用;
(2) 认识贯通道的结构。

【学习引入】

贯通道是两车辆车厢连接处,我们平时在乘坐地铁时,有时会站在贯通道处,那么贯通道是由什么组成的?它的作用又是什么呢?

5.2.1 贯通道的作用

贯通道也叫风挡装置,位于两车车厢连接处,是连接两车辆通道的重要组成部分。它具有良好的防风、防雨、防尘、隔音、隔热等功能,能够使旅客穿行于车厢之间。同时可以适应车辆通过曲线和车辆振动等原因造成两车之间产生的高度差。贯通道分整体式和分体式。分体式是指整个贯通道由两半组成,分别安装在每辆车的端部。

5.2.2 贯通道的结构

贯通道主要由棚布体组件、侧护板组件、踏渡板组件、顶板组件、安装框组件等组成。如图 5-16 所示。

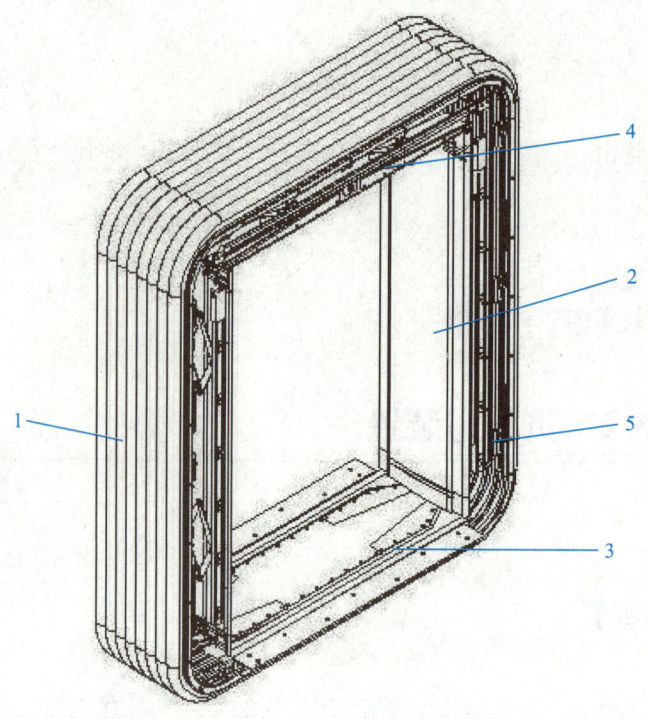

图 5-16 贯通道的结构
1—棚布体组件；2—侧护板组件；3—踏渡板组件；4—顶板组件；5—安装框组件

（1）棚布体组件：棚布体组件由两层组成，外部采用型材和棚布密封夹装而成，内部采用棚布与型材铆接的形式，与端墙安装框架通过压板组件连接，提高了隔音、隔热性能。折棚为多折环形棚布缝制而成，每折环下设有排水孔。棚布体选用特制的阻燃、高强度、耐老化材料制成，如图 5-17 所示。

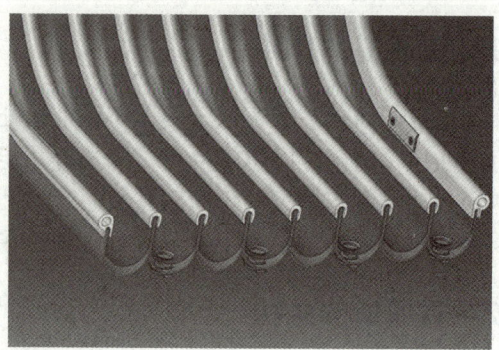

图 5-17 棚布体组件

（2）侧护板组件：侧护板组件由连杆机构、不锈钢板、铝合金型材、上下防尘橡胶板、固定座等组成。如图5－18所示。

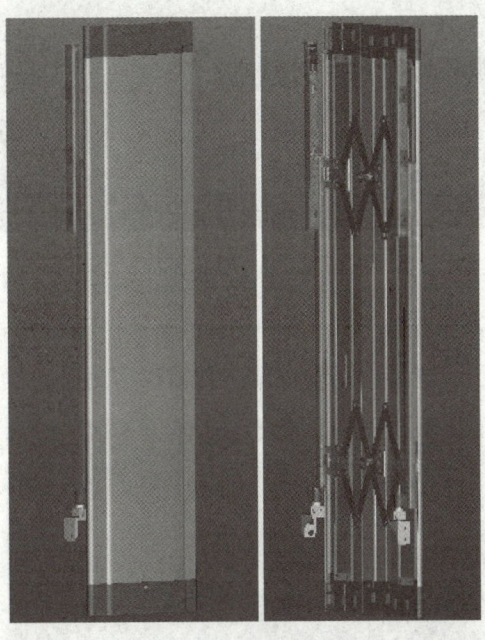

图5－18　侧护板组件

（3）踏渡板组件：渡板由不锈钢防滑板、不锈钢磨砂板、连杆结构、踏板支承座、折页铰链、耐磨条构成。支承座与端墙固定，踏板一端与车体地板面螺钉连接。渡板放置在两个踏板上面，能够适应联挂车辆运行过程中的各种复杂运动，具有足够的强度与刚度，能够确保乘客安全通过，并为站立的乘客提供安全处所，承受9人/m²的压力载荷（每人的静载荷按60 kg计算），表面无突起物及障碍物。如图5－19所示。

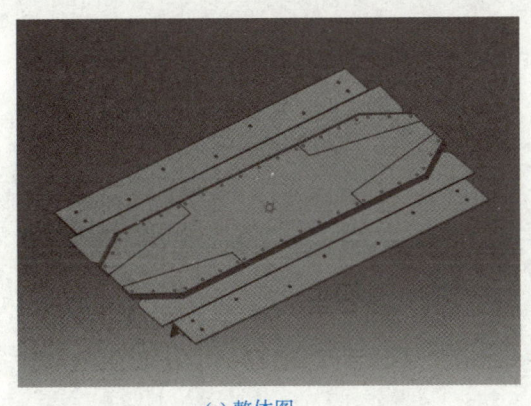

(a) 整体图

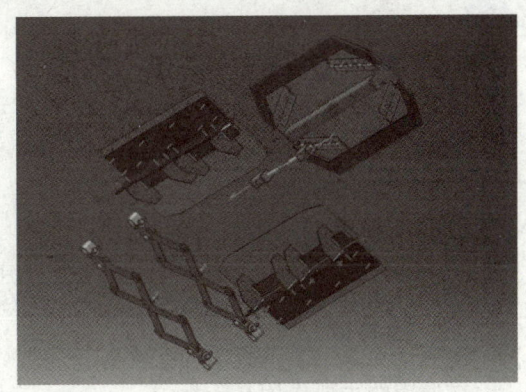

(b) 分解图

图5－19　踏渡板组件

（4）顶板组件：顶板组件由连杆机构、铝合金型材、折页铰链、定位座、耐磨条等构成，如图5－20所示。定位座直接与车体端墙固定安装。

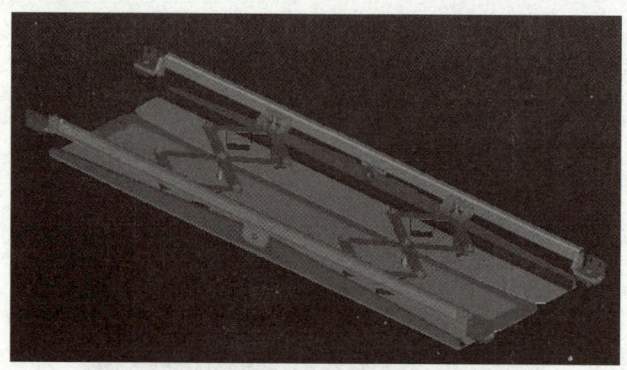

图 5-20　顶板组件

（5）安装框组件：安装框组件由连接框、密封条、压板等构成。通过螺钉与车体端墙连接固定，如图 5-21 所示。连接框与端墙结合处需涂密封胶，以保证密封良好。

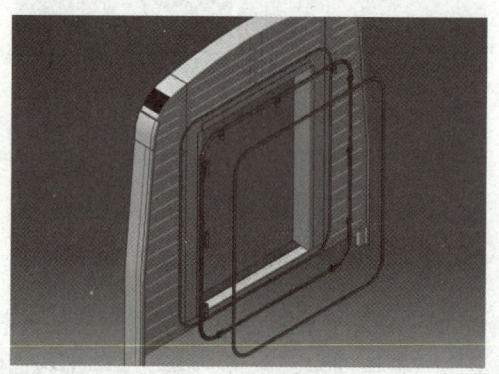

图 5-21　安装框组件

【课后练习】

一、填空题

1. 贯通道由_____、_____、_____、_____、_____组成。
2. 贯通道分为_____、_____两种形式。

二、简答题

贯通道的主要作用是什么？

【实训考核】

实训任务	城市轨道交通车辆连接装置
实训目标	(1) 能正确判断车钩的类型,并说明其联挂方式; (2) 能正确指示车钩机械、电气和气路连接方式; (3) 能正确指认车钩缓冲装置的结构,并描述各组成部分的功能。
实训材料及准备	城市轨道交通车辆车钩缓冲装置实训设备

班级		姓名	
学习小组		时间	
实训过程			

(1) 分组练习、组内讨论;
(2) 对照实训车辆车钩判断车钩的类型,并组内讨论其联挂方式;
(3) 对照实训车辆车钩指示车钩机械、电气和气路连接方式;
(4) 对照实训车辆车钩指认车钩缓冲装置的结构,并描述各组成部分的功能;
(5) 组内考核,教师分组考核。

指导教师打分及评语:

　　　　　　　指导教师签字:　　　　　　　　　　　　日期:　　　年 月 日

模块 6 电气牵引传动系统

单元 6.1 电气控制系统

【学习目标】

(1) 熟悉城市轨道交通车辆电气控制原理；
(2) 掌握城市轨道交通车辆电气控制系统的组成；
(3) 掌握城市轨道交通车辆主要电器的结构和作用。

【学习引入】

城市轨道交通车辆最根本的任务是承载旅客完成运输任务，完成运输任务的关键是车辆的牵引、制动控制和运行速度，驾驶员通过操纵车辆上的设备实现列车运行控制。城市轨道交通车辆电气牵引传动系统就是根据运营系统给出的命令，对各功能子系统进行调控。

> 北京地铁机场线车辆（QKZ5 型）采用的是庞巴迪的牵引系统，昌平线车辆（SFM13 型）采用的是日本三菱的牵引系统，北京地铁 15 号线车辆（DKZ31 型）采用的是法国阿尔斯通的牵引系统。虽然各条线路采用牵引系统的厂家不同，但牵引系统都是通过调频调压的方法来改变牵引电机的转速，从而实现对车辆的牵引控制。

城市轨道交通车辆电气牵引传动系统的作用是将来自接触网的电能转变为驱动列车所需的机械能，并且在必要时使车辆实施制动。它包括各种电气牵引设备及其控制电路。

城市轨道交通车辆控制原理示意如图 6-1 所示。动力电源电流由变电所送到接触网，经受流器引流到车辆。电流经过车辆牵引传动控制系统送入牵引电机，牵引电机驱动车辆运行。驾驶员通过操纵驾驶控制器改变牵引电机的运行速度和运行方式，电流经过车辆轮对、钢轨或回流装置回到变电所，形成闭合回路。电能通过电机转化为机械能，驱动列车运动。

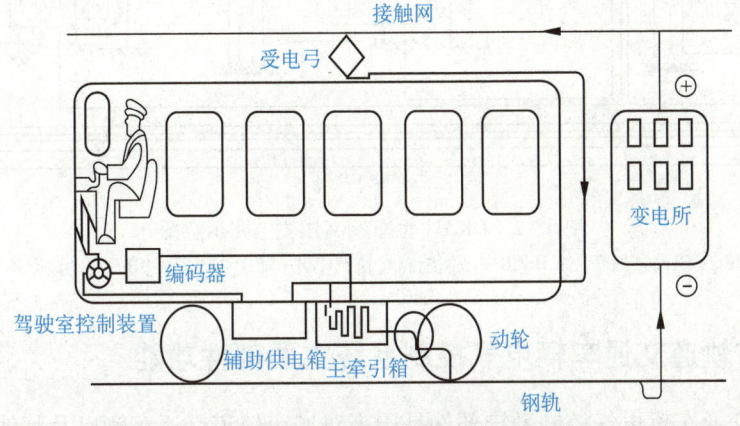

图 6-1 城市轨道交通车辆控制原理示意图

城市轨道交通车辆电气控制系统主要由主牵引传动系统、牵引与制动控制系统和辅助供电系统等组成。主牵引传动系统是列车牵引动力和电制动力得以实现的载体。牵引与制动控制系统是列车实现牵引和制动控制相关功能的控制电路系统，实现列车的有效控制。辅助供电系统为城市轨道交通车辆提供辅助供电。

6.1.1 城市轨道交通车辆总体控制

在城市轨道交通运输中，采用电机机械传动来满足车辆牵引的电气部分，称为电气牵引传动系统。电气牵引传动系统以牵引电机作为控制对象，通过控制系统对电机的速度和牵引力进行调节，以满足车辆牵引和制动特性的要求。根据电机形式的不同，控制系统分为直流牵引电机的直流传动控制系统和交流牵引电机的交流传动控制系统。

以 DKZ31 型车辆为例。车辆受流器接触第三轨采集 DC 750 V 电压，经过受流器的熔断器、高速断路器等将 DC 750 V 电输入给牵引逆变器。牵引逆变器 VVVF 经过滤波、整流、逆变，将 DC 750 V 电变换为满足牵引电机正常工作的电压和频率。车辆通过母线将拖车

（Tc）与动车（M）的高压连在一起，通过贯穿全列车的母线为 2 个辅助逆变器供电，确保辅助逆变器顺利通过断电区。车辆接地是通过本车的接地汇流排经由转向架轴端接地装置形成接地回路。其中 Tc 车设置 2 个接地装置，M 车设置 4 个接地装置，其高压主电路示意如图 6-2 所示。

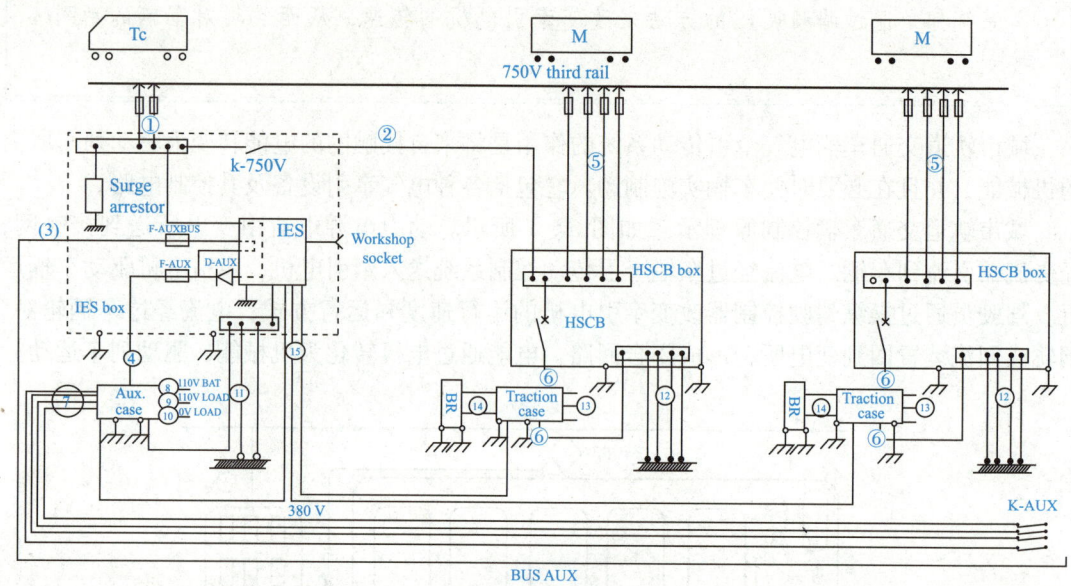

图 6-2　DKZ31 型车辆高压主电路示意图
IES—隔离接地开关；HSCB—高速断路器箱；CVS—辅助变流器；BR—制动电阻器

6.1.2　城市轨道交通车辆电气控制系统主要部件功能

城市轨道交通车辆电气控制系统部件是用来对城市轨道交通车辆以及其他的牵引设备进行切换、检测、控制、保护和调节的电器及装置。为有效利用空间、便于检修，电器外形多呈平整的箱状，且宽度小，以便将电器尽可能成列布置。

牵引电器一般分为主电路电器、控制电路电器和辅助电路电器三大部分。城市轨道交通车辆牵引传动系统主电路一般是指一个车辆单元的牵引动力电路，主要由牵引箱、高速断路器、牵引电机、制动电阻箱、电抗器及电气开关等设备组成。

1. 牵引箱

每辆动车设一个牵引逆变器，在车体底架下安装。每台牵引逆变器由一台 TCU 控制单元控制并驱动 4 台三相交流牵引电机，这些电机分别驱动两个转向架的四个轴。图 6-3 所示为主牵引逆变器箱外形结构。

图6-3 主牵引逆变器箱外形结构图

牵引逆变器采用 ALSTOM（阿尔斯通）的 OPTONIX 系列，逆变器驱动并联连接的四个牵引电机。牵引电机可以以功率消耗（牵引）或功率产生（制动）方式运行。这两个工作模式可以由牵引逆变器来管理。列车运行时，逆变器把从第三轨供电获得的直流电转变为调频调压的三相交流电。当制动时，逆变器把电机产生的三相交流电转换成直流电，产生的能量回馈电网供其他车辆使用。为了实现电制动和机械制动之间的平滑过渡，在空气制动引入期间，制动斩波器控制再生电源电压降低，电流流进制动过渡电阻。

2. 高速断路器

高速断路器（HSCB）为主断路器，安装在含有受流装置车辆的底部高压箱内。高速断路器可在出现故障的情况下断开牵引链路与电源的连接，既是主电路的总电源开关，也是总保护开关。

高速断路器的主要构件有：触头系统、灭弧机构、传动机构、自由脱扣机构、最大电流释入器、最小电压释入器和辅助开关，主要使牵引链路免受内部或外部故障的影响，存在一个与断路器相关的控制板。

高速断路器的通断是由高速断路器的按钮控制的。按下高速断路器按钮，列车控制线路工作，断路器线圈得电工作，带动机械锁位装置动作，高速断路器置"合"位并保持不变。分断时，欠电压脱口装置动作，高速断路器分段。

A-LVMD（线路电压监控装置）为测量 HSCB 前线路电压的部件，用于获知列车是否在供电线路或中性区段上等返回牵引箱内信息。F-LVMD 为保护线路电压监控装置的熔断器，在高速断路器前安装电压装置的必备之品。

高速断路器（HSCB）内部效果图和在电路中的位置，如图6-4、图6-5所示。

图 6-4 HSCB 内部效果图

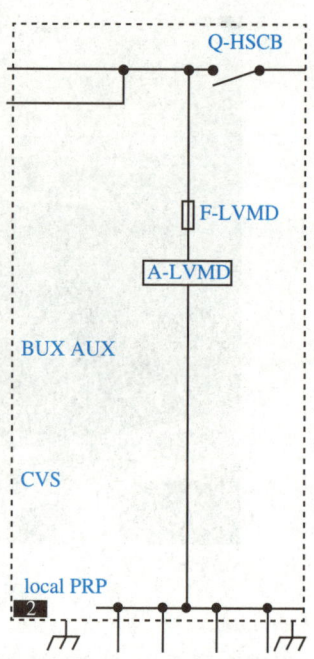

图 6-5 HSCB 在电路中的位置

3. 隔离接地开关

隔离接地开关（IES）适用于接地牵引、辅助设备等。隔离接地开关的锁紧手柄和主手柄均有低压开关，可指示其电流。隔离接地开关位置由两个 IES 联锁，若其中一个接地，则牵引无法启动（安全性）。

其中，D-AUX（线路输入二极管）用于流向辅助设备的电流。有两个二极管完成此功能，它们均借助外部散热器进行冷却。F-AUX 为线路输入熔断器，可保护辅助变流器。F-AUXBUS 为线路输入熔断器，可保护两辆拖车之间的电源链路，由两个 F-AUX 熔丝完成该功能。

IES 箱内部元件组成和内部效果图，如图 6-6、图 6-7 所示。

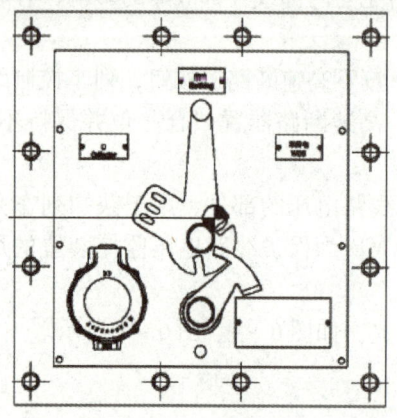

图 6-6 IES 箱内部元件组成

图 6-7 IES 箱内部元件内部效果图

4. 辅助变流器

辅助变流器可为列车负载（AC 380 V，DC 110 V）供电，且可用于为电源电池充电。

5. 制动电阻器

制动电阻器安装在车辆底架下方。电阻制动时，制动电阻吸收惯性转动产生的电机发电能量，将电能转换为热能散逸到大气中去。风扇通过栅格过滤吸收空气，冷却制动电阻。绝缘板给不同电阻提供绝缘。R-BZ（或BR）为0.377 Ω 的制动电阻，具有两个功能：

用于切断可能发生在牵引箱直流总线上的过压，这是最重要的功能（消弧电路）；用于在电制动且该线路不再易于接收时消耗电机功率，可以消耗功率。3 s（短期），在这段时间，机械制动完全用于减少电制动。如图6-8、图6-9所示。

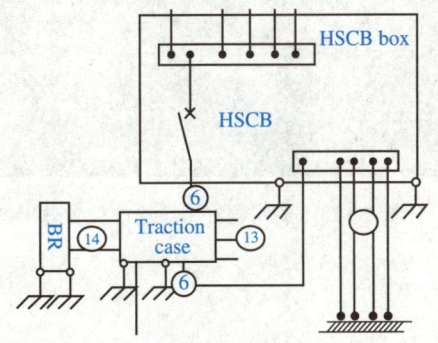

图 6-8　R-BZ 制动电阻在电路中的位置

图 6-9　制动电阻器实物图

6. 牵引电机

牵引电机采用异步开式转子自通风。750 V 条件下，北京地铁15号线列车制动时，每个电机功率最高可达255 kW，最大扭矩为1 420 N·m。900 V 条件下，北京地铁15号线列车制动时，每个电机功率最高可达290 kW，最大扭矩为945 N·m。750 V 条件下牵引电机功率曲线如图6-10所示，其实物如图6-11所示。

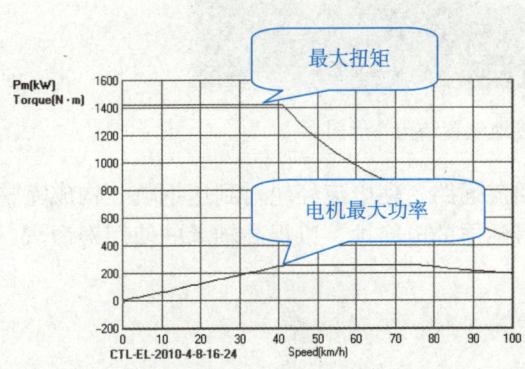

图 6-10　750 V 条件下牵引电机功率曲线

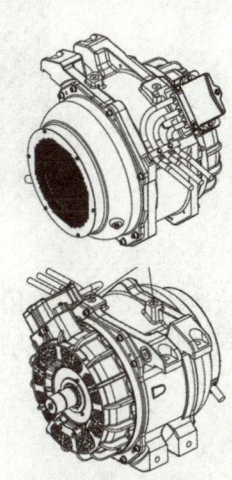

图 6-11　牵引电机实物图

7. 避雷器

避雷器用于防止来自城市轨道交通车辆外部的过电压对车辆电气设备的损坏。避雷器（SA）具有很大的电阻值（MΩ级），当电路上出现冲击电压时，此部件会发生短路，然后直接将该冲击引至地面，如图 6-12、图 6-13 所示。

 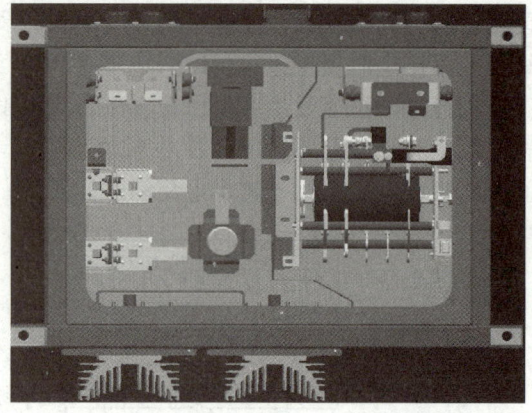

图 6-12　避雷器效果图　　　　　图 6-13　避雷器在 IES 箱内位置效果图

8. 接地装置

城市轨道交通车辆接地装置主要由接触盘、电刷架、弹簧支撑组成，如图 6-14 所示。

图 6-14　接地装置结构外形图

接地装置的主要作用是为主电路提供回流通路，使电流经轮对到达钢轨，构成完整的电路。同时防止电流通过轴承造成轴承内润滑油层的电腐蚀，以提高轴承的使用寿命。

模块6 电气牵引传动系统

【课后练习】

一、选择题

1. 高速断路器用（　　）表示。
   A. HSCB　　　　　　B. IES　　　　　　C. BR　　　　　　D. SA
2. 避雷器用（　　）表示。
   A. HSCB　　　　　　B. IES　　　　　　C. BR　　　　　　D. SA
3. 下列哪项不是城市轨道交通牵引电器的三大组成部分？（　　）
   A. 主电路电器　　　　　　　　　　　B. 辅助电路电器
   C. 控制电路电器　　　　　　　　　　D. 车门控制电器

二、填空题

1. 牵引电器一般分为_____电器、_____电器和_____电器三大部分。
2. 高速断路器的通断由_____控制。
3. 城市轨道交通车辆接地装置主要由_____、_____和_____组成。

三、综合题

在实训室完成对城市轨道交通车辆电气控制系统的认识和对其作用的了解，并画出城市轨道交通车辆牵引系统能量转换过程图。

单元6.2 牵引传动系统

【学习目标】

(1) 掌握牵引传动控制的类型；
(2) 理解直流传动的控制原理；
(3) 理解交流传动的控制原理。

【学习引入】

> 在轨道交通车辆中，用电机驱动实现车辆牵引的传动控制方式，称为电力牵引控制。它是以牵引电机作为控制对象，通过控制系统对电机的速度和牵引力进行调节，满足车辆牵引性能的要求。
>
> 根据驱动电机的形式不同，传动系统分为两大类：采用直流牵引电机的直流牵引传动系统和采用交流牵引电机的交流牵引传动系统。

6.2.1 直流牵引传动系统

城市轨道交通车辆直流主传动系统组成如图6-15所示。城市轨道交通车辆直流主传动系统由网侧高压电路、牵引电机调速电路组成，主要设备有受流装置、断路器、牵引电机、传动齿轮箱、轮对和接地回流装置等。

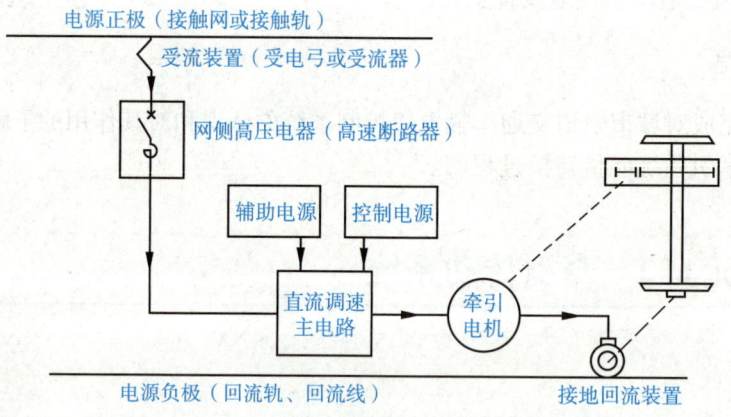

图6-15 城市轨道交通车辆直流主传动系统组成

接触网或接触轨的直流电经动车上的受流器引入车内，经断路器、网侧高压电路、牵引电机调速电路，再经接地回流装置回电源负极。随着电机接入电源旋转，电能转换为机械能，牵引电机产生的牵引转矩经过齿轮传动装置传递到动车轮对实现牵引运行。

直流传动的城市轨道交通车辆，调速控制一般有两种基本形式：变阻控制和斩波调压控制。变阻控制是指通过调节串入电机回路的电阻，改变直流牵引电机端电压达到调速目的。斩波调压控制是指通过控制接在电网与牵引电机之间的斩波器的导通与关断来改变牵引电机端电压的方法。

采用直流牵引电机的城市轨道交通车辆，具有良好的牵引和制动性能。通过控制励磁电流使牵引电机具有所要求的软特性和良好的防空转性能。缺点是直流电机存在电刷和换向器，无法改变电机存在的火花和环火的致命缺陷，从而限制了直流电机的功率和容量，限制了直流传动车辆的发展。

6.2.2 交流牵引传动系统

目前城市轨道交通车辆普遍采用的是交流异步牵引电机。交流异步电机没有换向器,具有结构简单、成本低、工作可靠、寿命长、维修和运行费用低、防空转性能好等一系列优点。

交流异步电机采用 VVVF 控制。VVVF,是 variable voltage and variable frequency 的缩写,可变电压、可变频率,也就是变频调速系统。VVVF 控制的逆变器连接电机,通过同时改变频率和电压,达到磁通恒定(可以用反电势/频率近似表征)和控制电机转速(和频率成正比)的目的。

直流电通过逆变器变为三相交流电,用电压和频率的变化来控制异步电机的转速,获得最佳的调速性能,并实现再生制动。

图 6-16 所示为一城市轨道交通车辆一拖四动单元车交流主传动系统原理电路图。

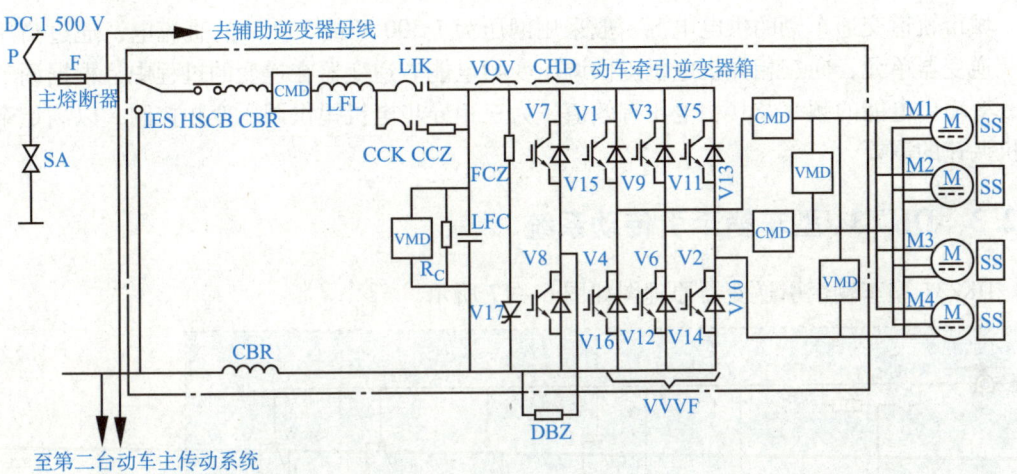

图 6-16 一拖四动单元车交流主传动系统原理电路图

牵引时,电网直流 1 500 V 电通过受电弓 P、主熔断器 F、隔离开关 IES、高速断路器 HSCB、线路接触器 LIK 及逆变器给牵引电机供电。在再生制动时,以相反的路径使电网吸收电机反馈的能量。各环节电路及作用如下。

1) 充电限流环节

由接触器 CCK 与限流电阻 CCZ 构成。在受电弓升起、高速断路器闭合后,为防止过大的充电电流冲击使滤波电容器受损,首先闭合 CCK,待电容电压达到一定值后,闭合线路接触器 LIK,将限流电阻 CCZ 短接。

2) VVVF 逆变器

由 V1~V15 构成。其作用是在牵引工况将直流电能变换为电压和频率可调的交流电能供给牵引电机。在电制动工况时,逆变器以整流方式将电能反馈给电网或消耗在电阻上。

3)"软撬杠"保护环节

即 T7、D8 构成的斩波器。斩波器的主要功能是用于电阻制动,用它来调节制动电流的大小。另一个功能是作过电压保护之用。

4)"硬撬杠"保护环节

V17 是晶闸管，FCZ 是过电压保护电阻。当直流环节发生过电压，经斩波器放电后仍不能消除，则晶闸管 V17 导通，直流电路通过 FCZ 放电。因为晶闸管只能触发导通，而不能用门极触发方式关断，因此 TZ 触发后必须立即断开高速断路器 HSCB，否则会造成直流电路持续放电。

5)其他保护环节

R_C 是固定并联在滤波电容器 LFC 上的放电电阻。主电路断电后，LFC 两端电压在 5 min 内降到 50 V 以下。由此可以确定放电的时间常数及放电电阻值。IES 是隔离/接地开关，在需要主电路接地时将它转换到接地位置。CBR 为差动电流传感器，用以检测直流电路流入与流出的电流差，以检测接地等故障。SA 为浪涌吸收器（避雷器），保护因雷击或因变电所的开关动作引起过电压对主电路器件的损害。

城市轨道交通车辆的供电电源一般采用网压为 1 500 V 或 750 V 的直流电，通过高压装置及逆变器单元，向三相异步电机提供调压变频电能。逆变器在逆变的过程中，根据调节指令改变输出电能的频率及其相电压有效值，为三相异步电机提供调压变频控制，以满足牵引电机调速的需要。

6.2.3 DKZ31 型车辆牵引传动系统

DKZ31 型车辆牵引逆变器原理图如图 6-17 所示。

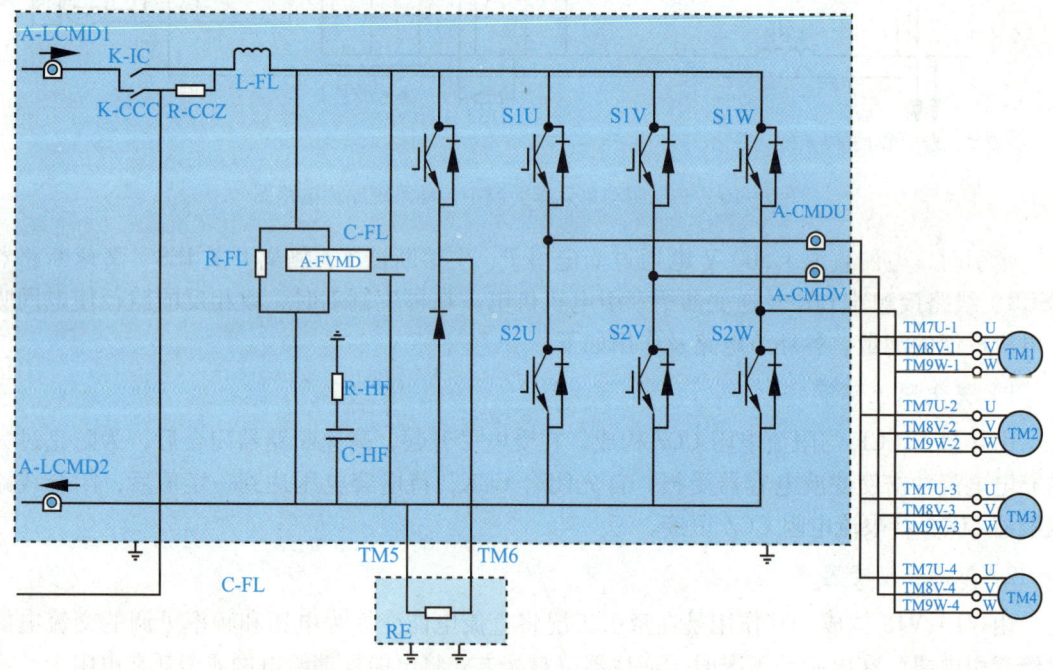

图 6-17 DKZ31 型车辆牵引逆变器原理图

牵引逆变器各部件位置图如图 6-18 所示。

模块6 电气牵引传动系统

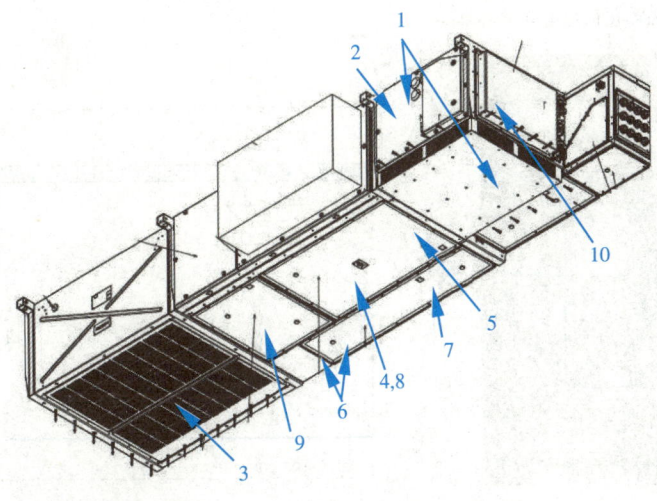

图 6-18 牵引逆变器各部件位置图

1—A-LCMD1 和 A-LCMD2（线路电流监控装置）；2—K-IC（电源输入接触器）、K-CCC（预充电接触器）、R-CCZ（预充电电阻器）；3—L-FL（线路滤波电感器）；4—C-FL（直流电容器）；5—A-FVMD（滤波器电压监控装置）；6—R-FL（直流电容器放电电阻器）、C-HF（EMC电容器）、R-HF（EMC电阻器）；7—A-CMDR 和 A-CMDS（R 相和 S 相的电流监控装置）；8—572HP 电源模块；9—风扇；10—TCU（牵引箱电子控制单元）

牵引箱主要部件如下。

1) A-LCMD1 和 A-LCMD2（线路电流监控装置）

A-LCMD1 为线路电流监控装置，可测量输入电流，位于预充电 LRU 上。A-LCMD2 可测量返回电流，位于电缆入口附件的高压棒周围，通过软件实现不同的功能。

当二者所测存在不同（避免细小干扰的最低限制）时会出现故障。线路电流监控装置位置及元件如图 6-19、图 6-20 所示。

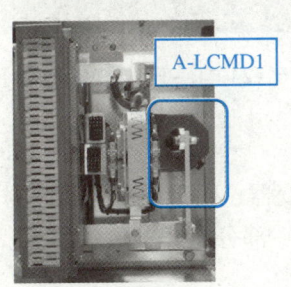

图 6-19 A-LCMD1 位置及元件图

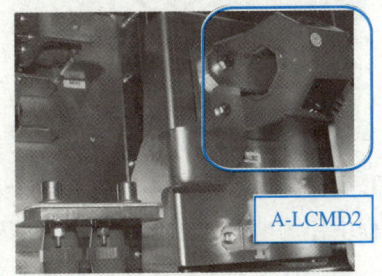

图 6-20 A-LCMD2 位置及元件图

2) K-IC（电源输入接触器）、K-CCC（预充电接触器）、R-CCZ（预充电电阻器）

K-IC 为电源输入接触器，K-CCC 为预充电接触器，R-CCZ 为预充电电阻器。整个总成可作为 LRU（一个部件）提供。如图 6-21、图 6-22 所示。

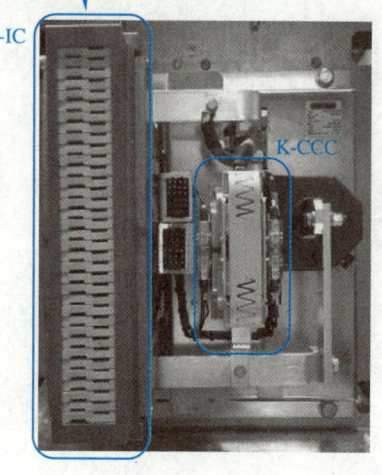
图6-21 K-IC、K-CCC和R-CCZ实物图

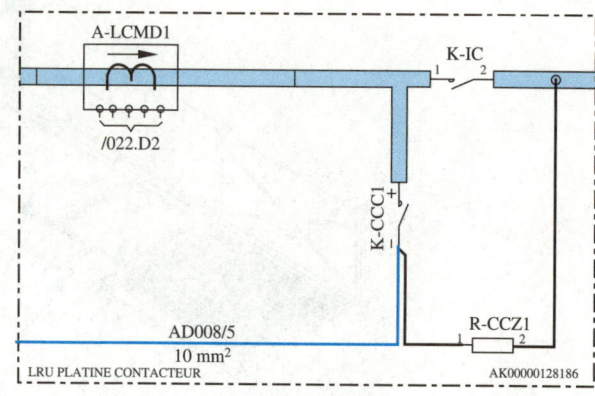
图6-22 三个部件在电路中的位置

3) L-FL（线路滤波电感器）

L-FL为线路滤波电感器（2.5 mH），适用于过滤电压（低通滤波器），还可用于限制浪涌电流上升时间。线路滤波电感器外观效果图、实物图如图6-23、图6-24所示。

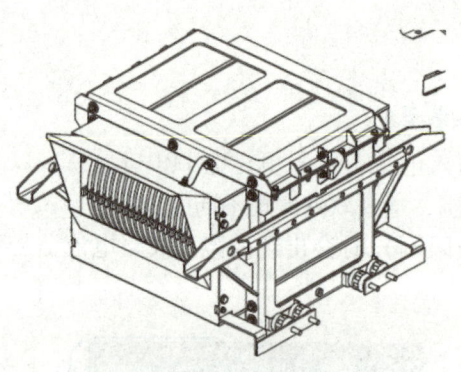
图6-23 L-FL外观效果图

图6-24 L-FL外观实物图

4) C-FL（直流电容器）

C-FL为直流电容器，用于保持电压稳定，以供给逆变器，可形成低通滤波器，在逆变器切换过程中作为电源使用。C-FL为572HP电源模块的一部分。

5) A-FVMD（滤波器电压监控装置）

A-FVMD为滤波器电压监控装置，可测量直流总线上的电压，如图6-25所示。

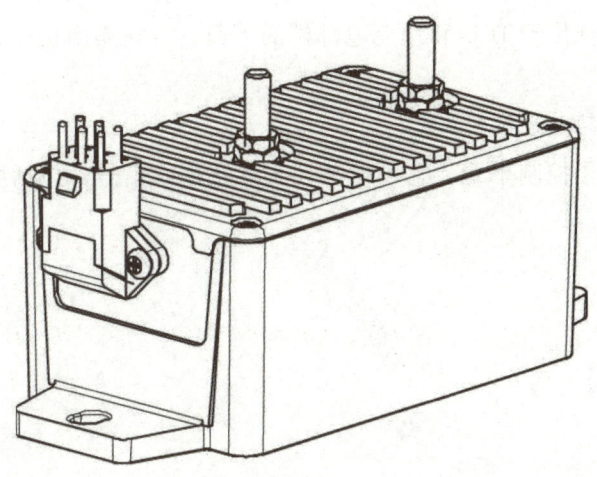

图6-25 A-FVMD外观效果图

6）R-FL（直流电容器放电电阻器）、C-HF（EMC电容器）、R-HF（EMC电阻器）

R-FL为直流电容器放电电阻器，C-HF为EMC电容器，R-HF为EMC电阻器。如图6-26所示。

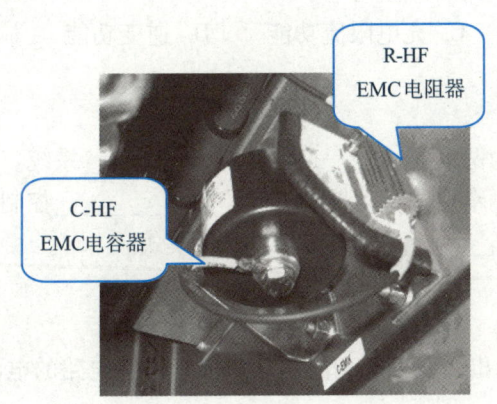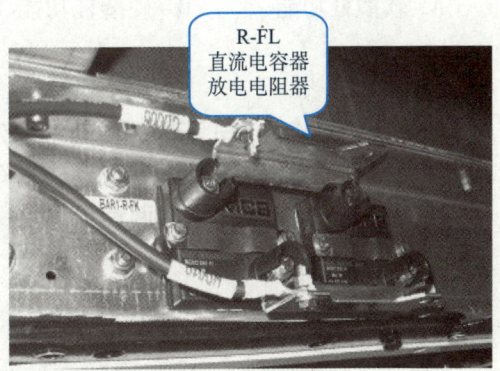

图6-26 R-FL、C-HF和R-HF

7）A-CMDR和A-CMDS（R相和S相的电流监控装置）

A-CMDR与A-CMDS为R相和S相的电流监控装置，可测量供给4个电机的电流。位于电源模块的后面（可从箱子底部接入），根据这两次测量计算T相电流。

8）572HP电源模块

572HP电源模块由与4个电机连接的3相逆变器（3个IGBT支脚）以及与制动电阻器连接的其他斩波器支脚组成，使用散热器（强制通风）冷却功率半导体。C-FL直流电容器为电源模块的一部分，572HP上还装有IGBT门驱动电路。

9）风扇

风扇用于吹出590 L/s的额定气流，最坏情况下为530 L/s，它可冷却电源模块和线路感应器。空气输入格栅位于 TCU 和预充电部件的下面，空气输出位于线路滤波器电感器部件的下面。

10) TCU（牵引箱电子控制单元）

TCU 为牵引箱电子控制单元，它可以从列车系统接收信号，包括所有功能顺序，可以监控电机等。

【课后练习】

一、选择题

1. 交流异步电机采用 VVVF 控制，其功能为（　　）。
   A. 低频低压　　　B. 高频高压　　　C. 变频变压　　　D. 变流变压
2. 1C4M 单元车中斩波器功能为（　　）。
   A. 软撬杠功能　　B. 硬撬杠功能　　C. 充电限流功能　　D. 逆变功能
3. 1C4M 单元车中晶闸管功能为（　　）。
   A. 软撬杠功能　　B. 硬撬杠功能　　C. 充电限流功能　　D. 逆变功能

二、填空题

1. 根据驱动电机的形式不同，传动系统分为两大类：_____系统和_____系统。
2. 在轨道交通车辆中，用电机驱动实现车辆牵引的传动控制方式，称为_____控制。
3. DKZ31 型车辆牵引电机有两种工作模式：_____模式和_____模式。

三、综合题

根据城市轨道交通车辆交流传动电路图，画出牵引工况和电制动工况时，主电路的电流路径。

【实训考核】

实训任务	电气牵引传动系统主要部件及控制原理认知
实训目标	（1）了解电气控制系统主要部件的功能； （2）掌握电气控制系统原理； （3）掌握牵引传动控制的类型； （4）理解交流传动的控制原理。
实训材料及准备	城市轨道交通车辆电气相关实训设备

续表

班级		姓名	
学习小组		时间	
实训过程			

（1）分组练习、组内讨论，叙述城市轨道交通车辆电气控制原理；
（2）能说出城市轨道交通车辆电气控制系统的组成；
（3）能解释城市轨道交通车辆主要电器的作用和特点；
（4）正确说出牵引传动控制的类型、直流传动的控制原理及优缺点；
（5）能说出典型交流传动的控制原理；
（6）组内考核，教师分组考核。

指导教师打分及评语：

指导教师签字： 　　　　　　　　　　　　　　日期：　　　年　月　日

模块 7　辅助供电系统

■ 单元 7.1　辅助供电系统组成及原理

【学习目标】

(1) 能正确叙述城市轨道交通车辆辅助供电系统的基本类型；
(2) 能正确叙述城市轨道交通车辆辅助供电系统的结构组成；
(3) 能正确分析城市轨道交通车辆辅助供电系统电路的工作原理。

【学习引入】

　　城市轨道交通车辆供电系统是负责为其正常运营提供所需电能的重要系统，而其中辅助供电系统则是供电系统重要的组成部分。辅助供电系统的负载设备遍布全车。那么辅助供电系统都是由哪些部分组成的？它们的工作原理又是什么呢？

7.1.1 辅助供电系统的组成和方案

辅助供电系统（如图7-1所示）安装于拖车上，为列车空调设备、通风机、空气压缩机、蓄电池充电器、电动刮雨器、电加热器、客室照明系统等辅助设备提供供电电源。城市轨道交通车辆辅助供电系统包括辅助逆变器（DC/AC 变流器，简称 SIV）和低压电源（DC/DC 变流器和蓄电池）两大部分。辅助逆变器给车辆上的交流负载如空调机、空气压缩机、通风机等提供 AC 380 V 及 AC 220 V 电源。低压电源包括 DC 110 V 和 DC 24 V 电源，为车辆控制系统及应急负载供电。

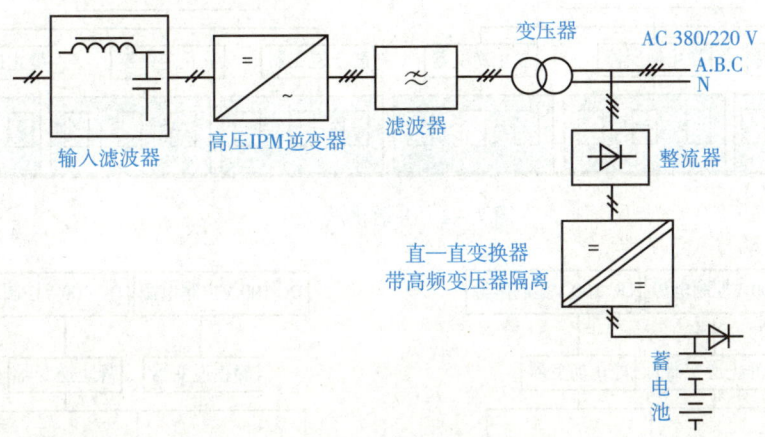

图 7-1 辅助供电系统

1. 辅助供电系统的主要功能

（1）逆变部分：由于地铁部分用电设备需要三相 50 Hz、380/220 V 交流电源，所以首先要把 DC 750 V 的直流电逆变成为恒压恒频的三相交流电。

（2）变压器隔离部分：为了安全和用电设备可靠性，高压用电设备和低压用电设备必须分开，并进行必要的电气隔离。通常采用变压器进行电气隔离。

（3）直流电源部分：地铁车辆上控制电路都由直流电源 DC/DC 变流器供电。车辆上蓄电池为紧急用电所需，所以 DC 110 V 控制电源同时为蓄电池充电。

上述三部分构成了完整的辅助供电系统。

2. 辅助供电系统的构成方案

（1）斩波器稳压再逆变，变压器降压隔离。
（2）三点式逆变器逆变，变压器降压隔离。
（3）电容分压双重逆变，隔离变压器构成 12 脉冲。
（4）两点式逆变器逆变，滤波器与变压器降压隔离。
（5）直一直变换，高频变压器隔离再逆变。

这些方案各具特点，都能满足城市轨道交通车辆的技术要求。

7.1.2 辅助供电系统的供电方式

1. 分散供电

地铁车辆很多采用的是四动两拖构成一列车,而其中两动一拖构成一个单元。每节车厢都会配备一台静止逆变器,每个单元共用一台 DC 110 V 控制电源。像这样每个单元配备多个静止逆变器的供电方式称为分散供电,如图 7-2、图 7-3 所示。

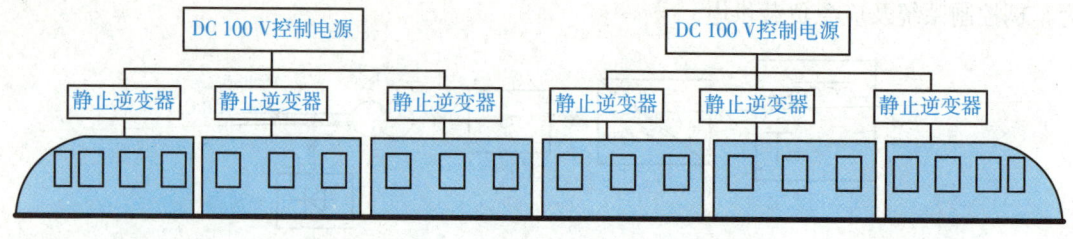

图 7-2 分散供电(一)

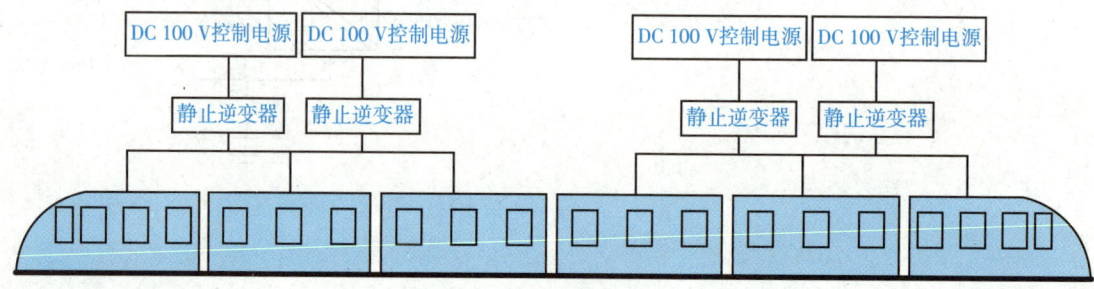

图 7-3 分散供电(二)

2. 集中供电

国外有些 6 节编组的地铁列车,每个单元只配备一台静止逆变器、一台 DC 110 V 控制电源,这种供电方式为集中供电,如图 7-4 所示。

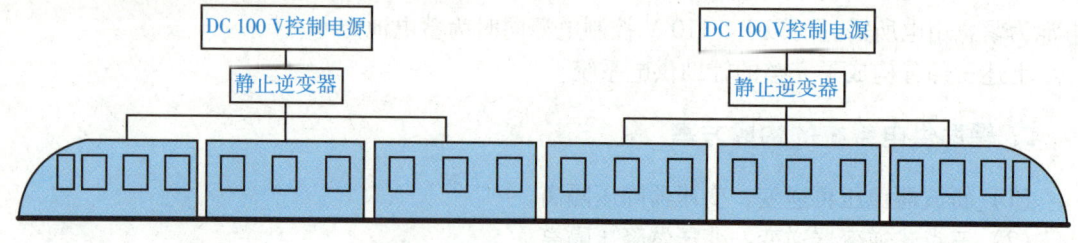

图 7-4 集中供电

分散供电和集中供电这两种供电方式各有优缺点。分散供电冗余度大,均衡轴重好配置,但造价高,且地铁车辆总重也大些。集中供电冗余度小,每轴配重难以一致,但相对而言,总重和成本低些。因此从冗余度与轴重均衡方面衡量,分散供电方式在地铁车辆中较为常见。

模块7 辅助供电系统

【课后练习】

一、填空题

1. 城市轨道交通车辆辅助供电系统包括_____和_____两大部分。
2. 辅助供电系统的供电方式包括_____和_____。

二、简答题

1. 辅助供电系统的主要功能是什么？
2. 辅助供电系统的构成方案都有哪些？

单元 7.2 辅助逆变器

【学习目标】

（1）能正确叙述城市轨道交通车辆辅助逆变器的系统构成；
（2）能正确叙述城市轨道交通车辆辅助逆变器的工作原理；
（3）能正确叙述城市轨道交通车辆辅助逆变器的常见故障处理方式。

【学习引入】

辅助逆变器系统是城市轨道交通车辆辅助供电系统的重要组成部分，辅助逆变器给地铁车辆上交流负载、车辆控制系统、应急负载供电。那么辅助逆变器系统都是由哪些部分组成的？它们的工作原理又是什么呢？

7.2.1 辅助逆变器系统构成

辅助逆变器（简称 SIV）外观如图 7-5 所示。现以北京地铁 SFM13 型车辆为例进行说明。全列车配有两套 SIV 辅助供电系统，分别安装在两个头车，作用是为全列车提供负载供电。列车由 SIV 提供电能的负载设备主要有：客室照明、空压机、司机室电热、空调系统等。正常情况下 1 号车的 SIV 为 1 号、2 号、3 号三节车负载供电，6 号车的 SIV 为 4 号、5

号、6号三节车负载供电。

图 7-5 辅助逆变器

辅助逆变器系统是辅助供电系统的核心，主要回路（如图 7-6 所示）部件包括滤波电抗器、充电电路、滤波电容器、EMI 电容、辅助逆变器模块、三相滤波器、变压器等。

滤波电抗器和滤波电容器构成高压输入部分的滤波器，它能抑制输入电路的谐波和减少输入电路暂态过程的影响。输入电路的负极通过转向架接地，负极上接有 EMI 电容，其作用是为了确保高频接地和降低电磁干扰对辅助逆变器的影响。辅助逆变器的输出经三相输出滤波器进行滤波，该滤波器由三相滤波电抗器和三相滤波电容器构成，属于低通滤波器，能滤除逆变器输出的 PWM 波的大部分谐波。三相滤波器后面是一个输出变压器，将逆变器的输出电压变为 380 V，并起到使低压和高压隔离的作用。

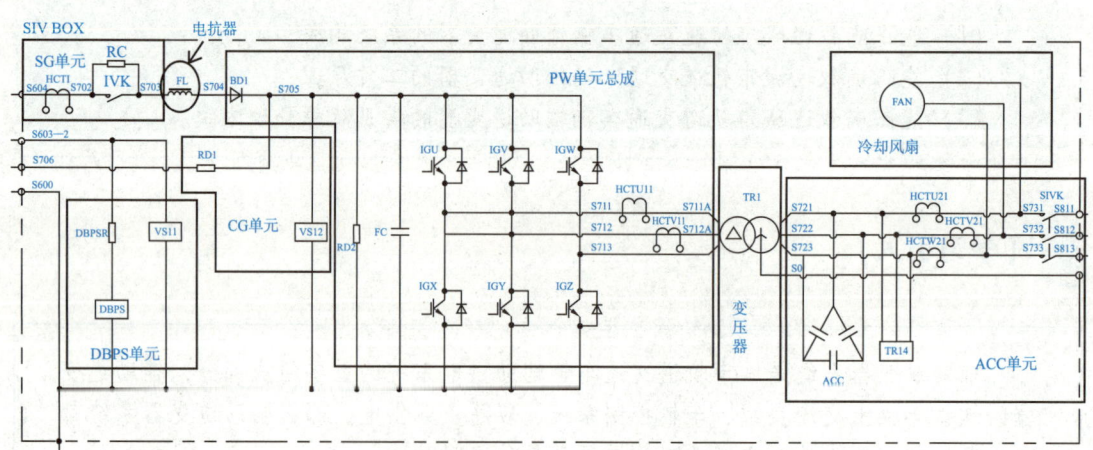

图 7-6 辅助逆变器主要回路

7.2.2 辅助逆变器工作原理

当供电系统供电正常时，DC 1 500 V（或 DC 750 V）电经 LC 滤波器后由 GTO 斩波器进行斩波调压，再经过中间滤波器送入 GTO 逆变器，其输出经隔离变压器后成为 AC 380 V 电，同时隔离变压器二次侧一组抽头的交流电经整流输出 DC 110 V 供蓄电池充电及其他直流负载用电。辅助逆变器的原理框图如图 7-7 所示。

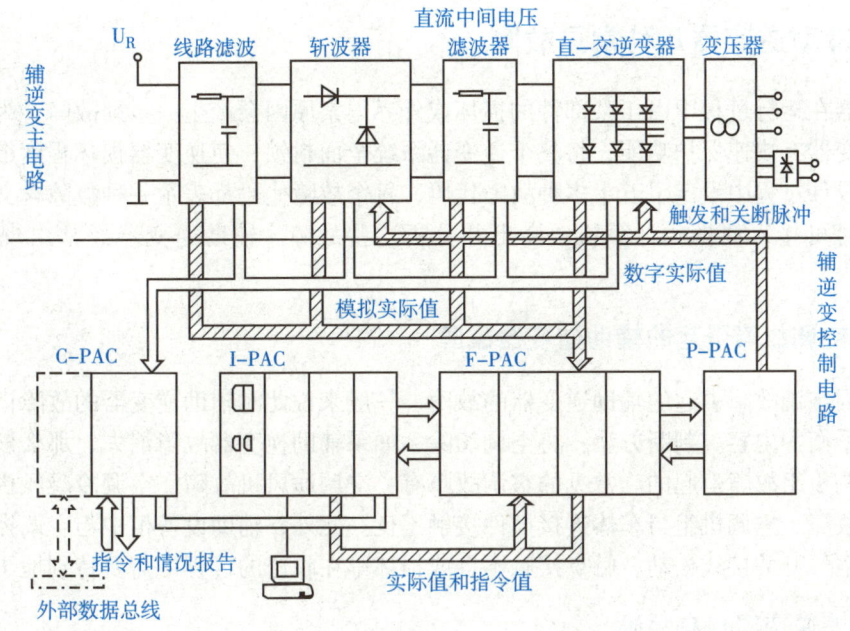

图 7-7 辅助逆变器原理框图

城轨列车辅助供电系统由线路滤波器、斩波器、中间电路（蓄能滤波部分）、三相逆变器四部分构成，图 7-8 为辅助逆变器主电路原理图。

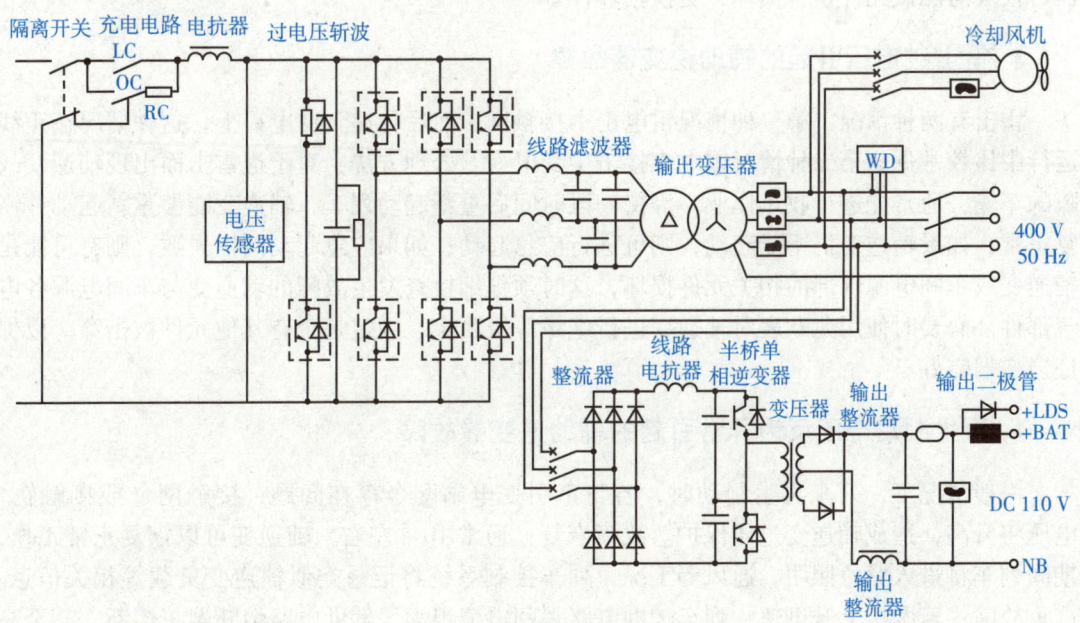

图 7-8 辅助逆变器主电路原理图

7.2.3 辅助逆变器几种常见故障

逆变器在运行过程中由于某部件的损坏或外界因素原因会产生一系列故障，为减小故障范围，逆变器有快速保护功能，将整个逆变器系统全面封锁，使逆变器损坏程度最低。逆变器系统在设计过程中设定了五十多种故障代码，每个故障代码都表示一种故障含义，维修人员在检查时可接入便携式计算机，读出并分析这些故障。辅助逆变器经常出现以下几种故障。

1. 因空调故障引起的辅助逆变器故障

对于因空调故障引起的辅助逆变器的故障，一般来说此时辅助逆变器的故障记录多为输出三相不平衡等内容。判断方法：将空调切除，如果辅助逆变器故障消失，那么该故障很有可能是空调机组故障引起的。常见的空调故障有：空调通风机故障、空调冷凝风机故障、压缩机电机故障、空调机组与车体连接插件接触不良。此外，辅助设备柜中与空调控制相关的接触器、空气开关接线松动、触点接触不良或损坏等在临修的过程中需要特别地予以注意。

2. 辅助逆变器自身故障

系统工作时受到频繁振动，内部插接件有可能松动、脱落，造成控制、监控信号无法正确地传输，导致一系列故障。故障检查处理：查阅辅助逆变器的电路图与控制系统中的故障记录；检查相关的插接件是否有松动、脱落现象，若有则紧固、焊牢；若无松脱，则检查仪器、仪表与测试元件是否损坏，更换损坏件。

3. 雷击过电压引起的辅助逆变器故障

雷击有两种情况：第一种情况雷电击中接触网，然后传递到受电弓上，这种情况在正线运行中比较常见；第二种情况雷电直接击中受电弓。处理方法：对于遭雷击而出现辅逆变故障的车辆，通常先进行收车作业，等待一段时间后重新起动列车，辅逆变能够重新起动并恢复正常；如果辅逆变仍不能起动，则可进行应急起动；如果应急起动同样失败，则有可能是辅逆变或车间电源内部的相关元件损坏，这时须仔细检查发生故障的辅逆变与车间电源各电气部件。必要时使用兆欧表对辅逆变进行绝缘等级测定，判定是否有其他元件被击穿，以保证逆变器完好。

4. 再生制动电压反馈异常引起的辅助逆变器故障

一般情况下，列车再生制动时，若与牵引变电站配合存在问题，接触网（或接触轨）电压将升高，造成辅逆变过压保护。故障恢复：通常 10 s 左右，辅逆变可以恢复正常工作，期间列车将进入紧急照明、通风等工况，列车控制系统将记录类似辅逆变负载等相关信息。严重故障：若网压上升迅速，列车辅助电路瞬间电流很大，辅助电路熔断器将熔断，甚至高压隔离二极管击穿，造成列车辅助电路失电，辅逆变无法正常工作，进而造成设备通风丧失，引起车辆救援。操纵注意：司机在操纵再生制动时，一定要严密监视网压，一旦出现异常应立即切除再生制动，避免造成故障扩大，影响行车。

模块7 辅助供电系统

【课后练习】

一、填空题

1. 辅助逆变器提供电能的负载设备主要有_____、_____、_____和空调系统等。
2. 辅助逆变器系统是辅助供电系统的核心，主要回路部件包括_____、_____、滤波电容器、_____、_____、_____、变压器等。

二、简答题

1. 辅助逆变器工作原理是什么？
2. 辅助逆变器几种常见故障都有哪些？

【实训考核】

实训任务	辅助供电系统认知
实训目标	（1）能准确指认城市轨道交通车辆中辅助供电系统的组成部分； （2）能正确指认车辆电气中辅助供电对象及电压； （3）能正确描述辅助逆变器常见故障并处置。
实训材料及准备	城市轨道交通车辆辅助供电系统相关实训设备
班级		姓名	
学习小组		时间	
实训过程			

（1）分组练习、组内讨论；
（2）对照实训车辆或相关设备指认城市轨道交通车辆中辅助供电系统的组成部分；
（3）对照实训车辆或相关设备指认车辆电气中辅助供电对象及电压；
（4）描述辅助逆变器常见故障并处置；
（5）组内考核，教师分组考核。

指导教师打分及评语：

　　　　　　指导教师签字：　　　　　　　　　　　　日期：　　年　月　日

模块 8 受流装置

■ 单元 8.1 接触轨受流装置

【学习目标】

(1) 能正确叙述城市轨道交通车辆接触轨受流装置；
(2) 能正确叙述城市轨道交通车辆受电弓受流装置。

【学习引入】

城市轨道交通车辆上面有大量的电器元件，为这些电器元件供电的设备叫受流装置，受流装置又分两种供电方式，即第三轨供电和受电弓供电。通过本模块，我们来了解第三轨供电系统。

8.1.1 接触轨系统

接触轨，又称第三轨，简称三轨，如图 8-1 所示。接触电压等级一般为直流 750 V。

接触轨系统（如图 8-2 所示）是地铁牵引供电系统的重要子系统，它直接影响到地铁供电系统甚至整个地铁系统的安全运营。

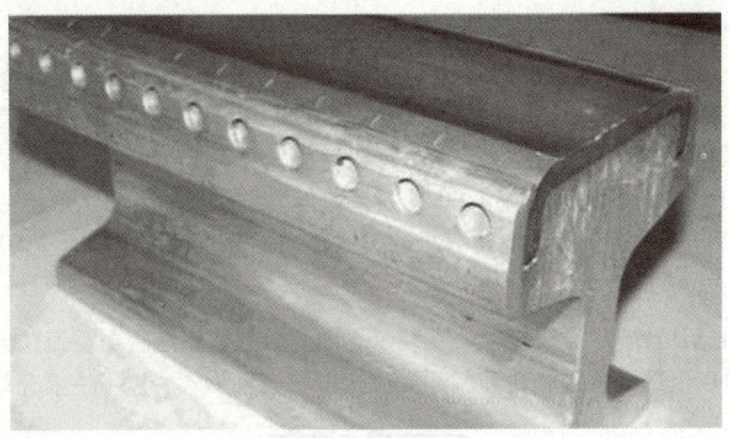

图 8-1　接触轨

图 8-2　接触轨系统

自 1965 年北京建造我国第一条地铁线以来，随着我国地铁建设事业的发展，接触轨技术也走过了 40 多年的发展历程。这期间接触轨技术不断发展，其主要表现为：安装方式由以上部接触受流方式为主导发展成上部接触交流方式与下部接触受流方式并存；导电轨由低碳钢材料发展成钢铝复合材料；防护罩（及支架）由木板材料发展成玻璃钢材料；绝缘子材料除电瓷外，还开发出环氧树脂材料及硅橡胶材料。

在接触轨系统零部件中，除包括作为导电轨的接触轨以外，还包括绝缘支架（或绝缘子）、防护罩、隔离开关设备、电缆等。接触轨、绝缘支架（或绝缘子）、防护罩是接触轨系统中送电、支撑、防护的三大件。接触轨系统，其技术特征一是安装方式，二是导电轨材料。

1) 电压等级

目前世界上城市轨道交通中的直流牵引网电压等级繁多，接触轨系统的电压等级有 600 V、630 V、700 V、750 V、825 V、900 V、1 000 V、1 200 V、1 500 V 等，国外接触轨系统的标称电压一般在 1 000 V 以下，西班牙巴塞罗那采用过直流 1 500 V 及 1 200 V 接触轨，美国旧金山 BART 系统为直流 1 000 V 接触轨。目前国内接触轨系统标称电压为直流 750 V 和 1 500 V，国际上接触轨电压等级的发展趋向是 IEC 标准中的直流 600 V、750 V。

2) 安装方式

图 8-3 为北京地铁 10 号线接触轨安装示意图。接触轨系统根据受流位置的不同，分为上部受流接触轨、下部受流接触轨和侧部受流接触轨三种形式。以下主要介绍前两种。

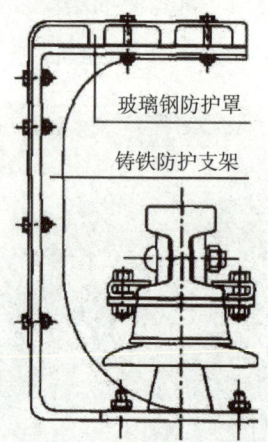

图 8-3　北京地铁 10 号线接触轨安装示意

（1）上部受流接触轨。

上部受流接触轨具有以下特点：

① 防护罩支架及防护罩采用玻璃钢材质，防火和耐候性功能好，使用寿命长。

② 结构造型比较美观。

③ 结构设计较为合理，承受力的情况较好，省材料。

④ 防护罩支架直接固定在接触轨上，所以能更好地保证防护罩支架及防护罩与接触轨的相对位置关系。

⑤ 防护罩支架可以在接触轨上移动安装，所以施工安装及运营管理维护比较方便，不受走行轨与轨枕间距施工误差的影响，从而使防护罩的订货长度与设计长度一致，避免了材料及施工费的浪费。

（2）下部受流接触轨。

下部受流接触轨主要由导电轨、绝缘支架、防护罩等构成，如图 8-4 所示。绝缘支架由顶部支架、中部支架、下部支架三部分组成，并共同构成悬臂结构形式。导电轨通过顶部、中部支架，悬挂在下部支架上；下部支架根据线路情况固定在整体道床上或碎石道床的轨枕上；防护罩靠自身弹性及支撑垫块固定在导电轨上。

防护罩对带电接触轨的防护性能好，带电接触轨不容易被无意识地触碰到，能确保人身安全。另外，下部受流方式的遮挡雨雪条件也优于上部受流方式，能确保牵引网系统的安全可靠运行。另外，接触轨一般采用低碳钢材料或钢铝复合材料。

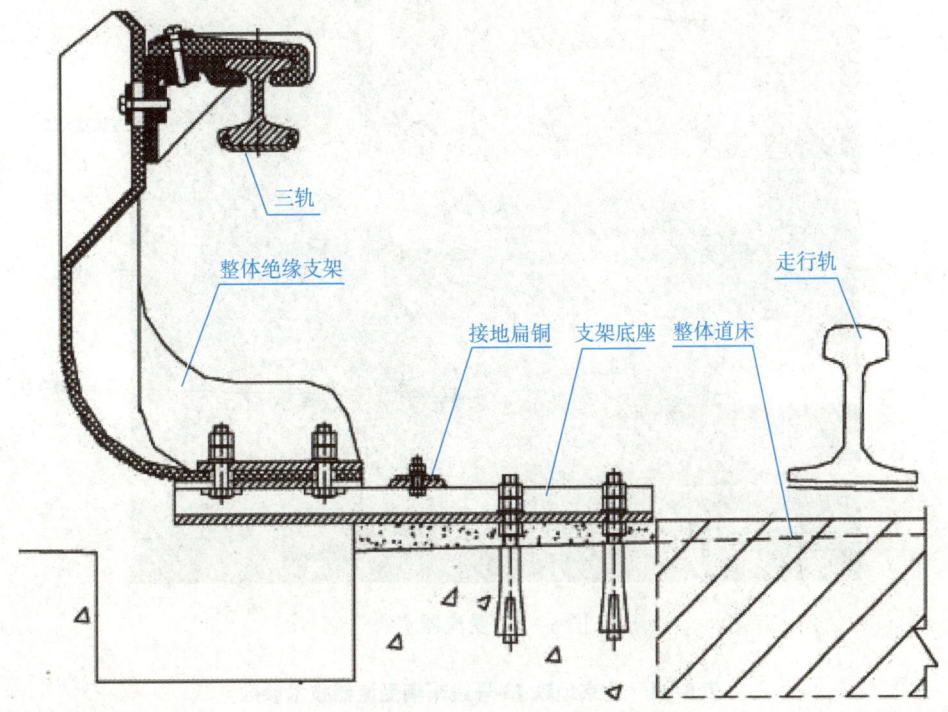

图8-4 下部受流接触轨

8.1.2 受流器

国际上受流器趋于采用碳材料。但目前国外地铁车辆的三轨受流器一般都使用铁质滑靴，因为铁质材料价格低，作为铁钢摩擦副，耐磨性好，使用寿命较长。北京地铁车辆受流器一直使用伸出的两臂夹着接触滑块（又称滑靴），滑块一直采用黄铜材料。黄铜材料的特性是导电性较好，对第三轨磨耗小，但是耐磨性较差。

集电靴安装于车辆转向架构架两侧靠车辆外侧中部的位置。所有动车转向架构架均装有两套受流器，而拖车仅一台转向架装有两套受流器。每个受流器的安装托架用4个螺栓固定在转向架构架的侧梁下面。

根据集电靴位置的不同，第三轨供电方式可分为上部受流、下部受流和侧部受流三种形式。国内应用较多的是上部受流和下部受流方式。

受流器由接触板、横臂组件、扭簧部分、软连线、座及调整螺栓等组成。受流器实物图（在线车辆）见图8-5，北京地铁13号线车辆受流器技术参数见表8-1。

图 8-5 受流器实物

表 8-1 北京地铁 13 号线车辆受流器技术参数

名称	技术参数
外形尺寸/mm	740×347×225.5
额定电压/V	750（DC）
额定电流/A	600（DC）
接触板正常工作位置的接触压力范围/N	120~180
接触板寿命/万 km	≥5
质量/kg	26.5

【课后练习】

一、填空题

1. 受流装置分两种供电方式，_____ 和 _____。

2. 接触轨系统根据受流位置的不同，分为_____、_____和侧部受流接触轨三种形式。

3. 根据集电靴位置的不同，第三轨供电方式可分为_____、_____和侧部受流三种形式。

4. 受流器由_____、_____、_____、_____及调整螺栓等组成。

二、简答题

上部受流接触轨系统具有哪些特点？

单元8.2 受电弓受流装置

【学习目标】

(1) 能正确叙述城市轨道交通车辆受电弓系统结构；
(2) 能正确叙述城市轨道交通车辆受电弓系统的工作原理。

【学习引入】

城市轨道交通车辆上面有大量的电气元件，为这些电气元件供电的设备叫受流装置，受流装置又分两种供电方式，即第三轨供电和受电弓供电。通过本模块，我们来了解受电弓供电系统。

8.2.1 接触网

地铁牵引电网是向地铁列车输送电能的输电线路，其主要功能是通过列车上的受电弓向地铁列车提供电能。牵引电网是由馈电线、接触网、轨道回路及回流线组成的供电网络，如图8-6所示。

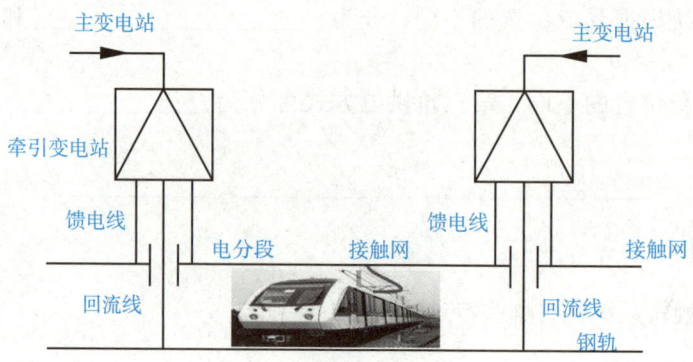

图 8-6 牵引电网的组成

国内城市轨道交通采用的牵引电网主要有柔性架空接触网和刚性架空接触网两种类型。

8.2.2 受电弓

受电弓是一种通过空气回路控制升、降动作的铰接式机械构件，从接触网上集取电流，并将其传送到车辆电气系统的电气设备，如图 8-7 所示。

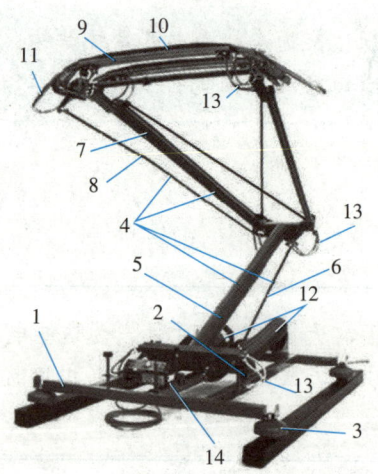

图 8-7 受电弓

1—基础框架；2—高度止挡；3—绝缘子；4—框架；5—下部支杆；6—下部导杆；
7—上部支杆；8—上部导杆；9—集流头；10—接触带；11—端角；
12—升高和降低装置；13—电流传送装置；14—吊钩闭锁器

地铁受电弓的升弓弹簧采用预应力弹簧，以缩减受电弓的结构尺寸，降低升弓弹簧在折叠位置的最大拉应力，增强了升弓弹簧的疲劳强度，保证了升弓力的稳定性，延长了升弓弹簧的使用寿命。

地铁受电弓的转动部位多采用滚针轴承，能减小受电弓升降过程中的摩擦力，确保静态接触压力稳定，同高压力差小，用软编织线短接滚针轴承，避免了电流经过轴承而产生电腐蚀和发热的弊端。

地铁受电弓升降弓时间特性是通过节流阀来调节的。升弓时，要求先快后慢，需通过调节升弓节流阀中节流口的大小来控制风缸内压缩空气流出的快慢，从而达到升弓的动作要求；降弓时，也是要求先快后慢，因此首先通过快排阀控制，其后通过调节降弓节流阀中节流口的大小来控制其慢降动作。作用于气囊的控制压力要求具有很高的精度（0.01bar，1 kPa），它通过安装于受电弓底架上的气阀箱内的调压阀、节流阀等控制元件来调节和实现。关闭对受电弓的压缩空气供应，则受电弓靠自重降下。

每个受电弓旁装有一个避雷器（如图8-8所示），用来防止来自车辆外部的过电压（如雷击等）对车辆电气设备绝缘的破坏。其保护值范围应与变电所过电压保护协调。

图8-8 避雷器

8.2.3 受电弓系统工作原理

受电弓靠滑动接触受流，是移动设备与固定供电装置之间的连接环节。受电弓受流性能的基本要求是：集流头与接触网接触可靠，磨耗小；升降弓时对车顶设备不产生有害冲击；运行中受电弓动作轻巧，动态稳定性能好。受电弓的提升依靠升弓弹簧完成；降弓通过传动风缸内部的降弓弹簧来实现；压缩空气在传动风缸的充气及排气决定了受电弓的升与降。

（1）升弓过程：在列车及司机台激活的情况下，按下副司机台受电弓升弓按钮，相应的升弓电路工作，升弓电磁阀得电动作，打开风源至传动风缸的通路，传动风缸充气，将内部的降弓弹簧压缩，在升弓弹簧的作用下克服自身重力升起，如图8-9所示。

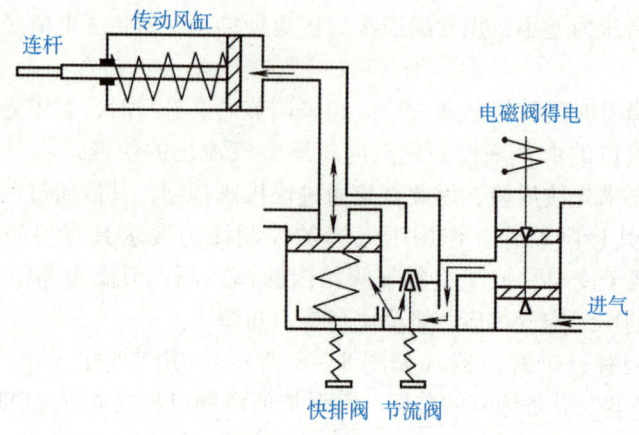

图8-9 升弓风路示意图

（2）降弓过程：在列车及驾驶控制台激活的情况下，按下副驾驶控制台受电弓降弓按钮，电磁阀失电复位，风源停止向传动风缸供风，同时将压缩空气排向大气，受电弓在降弓弹簧及自身重力的作用下降到最低位置，如图8-10所示。

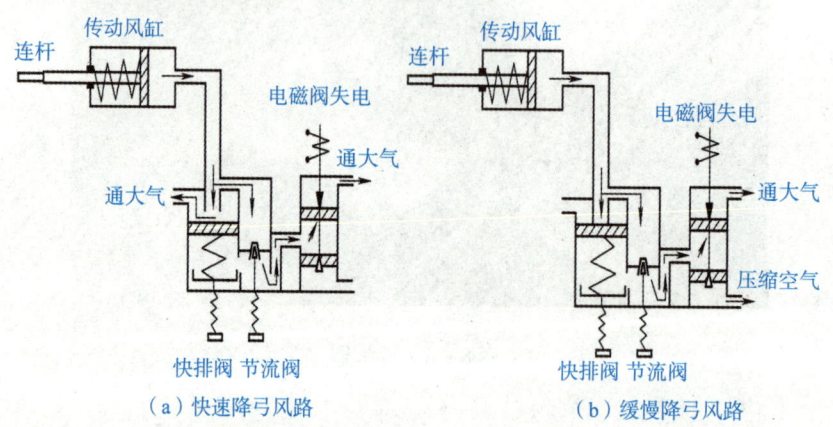

(a) 快速降弓风路　　　　　(b) 缓慢降弓风路

图8-10 降弓风路示意图

【课后练习】

一、填空题

1. 牵引电网是由_____、_____、_____及_____组成的供电网络。
2. 国内城市轨道交通采用的牵引电网主要有_____和_____两种类型。

二、简答题

1. 简述受电弓系统工作原理。

2. 简述受电弓升弓过程和降弓过程。

【实训考核】

实训任务	城市轨道交通车辆受流装置结构认知
实训目标	（1）能准确指认集电靴受流装置的结构和名称； （2）能准确指认受电弓受流装置的结构和名称； （3）能正确描述受电弓升弓和降弓过程。
实训材料及准备	城市轨道交通车辆集电靴和受电弓受流装置及相关实训设备

班级		姓名	
学习小组		时间	
实训过程			

(1) 分组练习、组内讨论；
(2) 对照实训设备指认集电靴受流装置的结构和名称，并讨论各组成部分的作用；
(3) 对照实训设备指认受电弓受流装置的结构和名称，并讨论各组成部分的作用；
(4) 对照受电弓受流装置描述受电弓升弓和降弓过程；
(5) 组内考核，教师分组考核。

指导教师打分及评语：

　　　　　　　指导教师签字：　　　　　　　　　　　　日期：　　　年　月　日

模块 9 风源及制动系统

单元 9.1 风源系统

【学习目标】

(1) 掌握风源系统的组成和种类;
(2) 熟悉空气压缩机的工作原理;
(3) 了解空气干燥器的工作原理;
(4) 熟悉管路系统的布置。

【学习引入】

　　城市轨道交通车辆内部的一些设备是要靠压缩空气来驱动的,例如车门、制动装置、风笛、雨刷器等设备都需要压缩空气来驱动,那么这些压缩空气是从哪里来的?又是怎么产生的呢?本单元我们就来学习这些内容。

9.1.1 风源系统的组成和作用

风源系统主要是由空气压缩机、空气干燥器、压力控制器、风缸及其他空气管路部件等组成的。空气压缩机是压力空气的主要来源,它吊挂于车体底架下部,一般安装在A车和C车下部,由两个单元组成的列车具有两套风源系统,布置如图9-1所示。风源系统是为整列车提供压缩空气,不仅是空气制动系统,车上一些其他部件,如二系空气弹簧、气动门、风笛、雨刷器等用风装置都是由风源系统提供的。

图9-1 风源系统布置图

9.1.2 空气压缩机

空气压缩机是风源系统中的核心部件,是产生压缩空气的源头。空气压缩机主要有活塞式空气压缩机和螺杆式空气压缩机。螺杆式空气压缩机由于其结构特点,使其具有噪声低、振动小、结构紧凑、工作效率高等特点,因此城市轨道车辆目前普遍采用螺杆式空气压缩机。

1. 活塞式空气压缩机

活塞式空气压缩机主要由固定机构、运动机构、进/排气机构、中间冷却装置和润滑装置等几部分组成。其中,固定机构包括机体、气缸、气缸盖;运动机构包括曲轴、连杆、活塞;进/排气机构包括空气滤清器、进/排气阀;中间冷却装置包括中间冷却器(简称中冷器)、冷却风扇;润滑装置包括润滑油泵、润滑油路等。结构原理如图9-2所示。

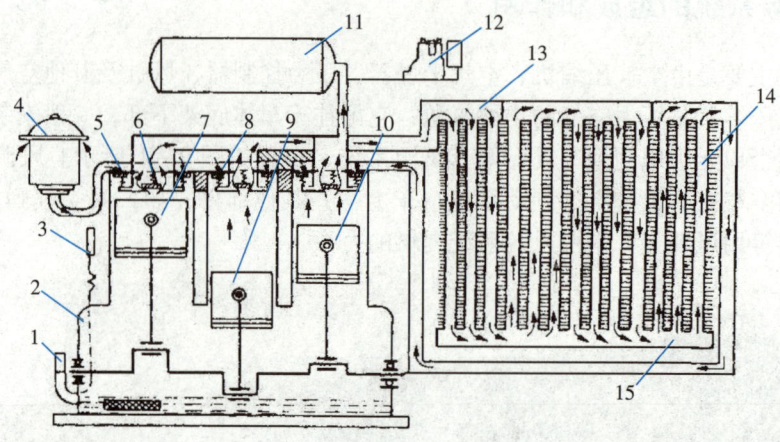

图9-2 活塞式空气压缩机结构原理图

1—润滑油泵；2—机体；3—油压表；4—空气滤清器；5,8—进气阀片；6—排气阀片；
7,9—低压活塞；10—高压活塞；11—主风缸；12—压力控制器；13—上集气箱；
14—散热管；15—下集气箱

活塞式空压机的作用原理，类似于汽车发动机。电机通过联轴器带动空压机曲轴转动，曲柄连杆机构带动活塞在气缸内做上下往复运动。当活塞下行时，活塞顶面与缸盖之间形成真空，经空气滤清器的大气推开进气阀片进入气缸，此时排气阀在弹簧和中冷器内空气压力的作用下关闭。当低压活塞上行时，气缸内的空气被压缩，当其压力达到排气阀片上方压力与排气阀弹簧的弹力之和时，排气阀被打开，气缸内的压力空气排出缸外，此时进气阀片在气缸内压力及其弹簧的作用下关闭。前面两个低压缸送出的低压空气，都经气缸盖的同一通道进入中冷器。经中冷器冷却后，再进入高压缸，进行第二次压缩，压缩后的空气经排气口、主风管路送入主风缸中储存。高压活塞的进、排气作用与低压活塞的进、排气作用相同。城轨车辆规定总风缸内的压力值应在750～900 kPa，空压机的压力控制器可以根据总风缸内的压力值，自动控制空压机的起动和停止。

2. 螺杆式空气压缩机

螺杆式空气压缩机结构如图9-3所示。它是一种双回转轴容积式压缩机，转子为一对互相啮合的螺杆，主动转子为阳螺杆，从动转子为阴螺杆，螺杆具有非对称啮合型面。常用的主副螺杆齿数比依压缩机容量而有所不同，为4:5、4:6或5:6。螺杆结构如图9-4所示。

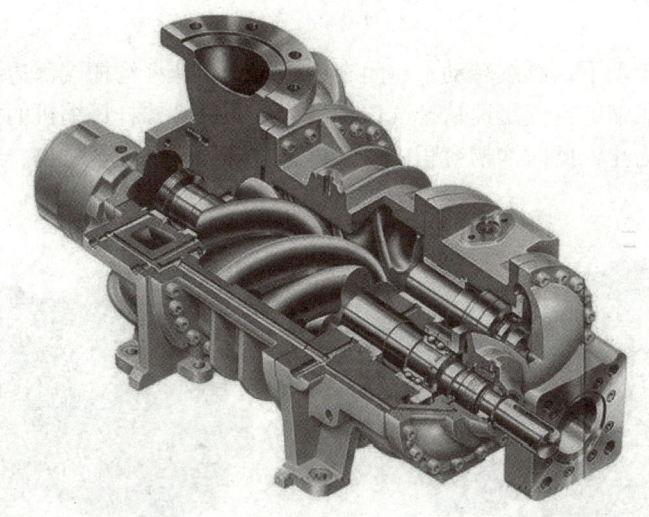

图 9-3 螺杆式空气压缩机结构图

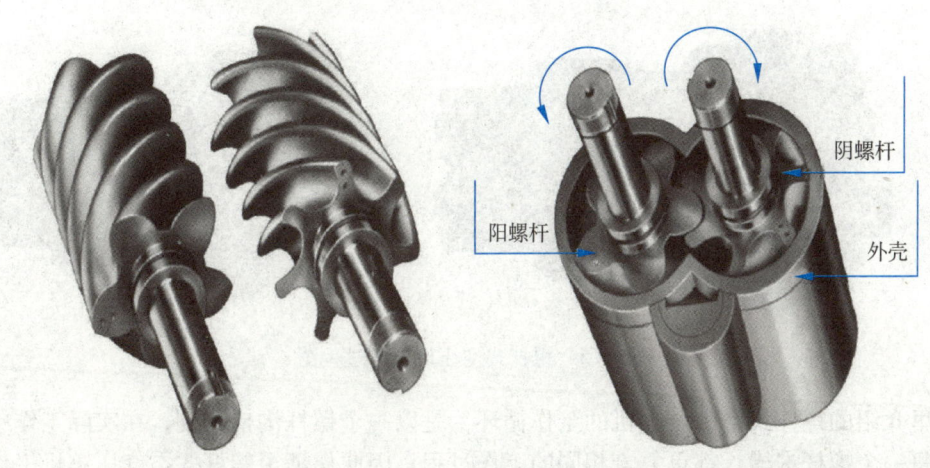

图 9-4 螺杆结构图

螺杆式空压机工作分吸气、压缩和排气三个阶段，工作过程如图 9-5 所示。

1) 吸气过程

螺杆安装在壳体内，一部分螺杆的沟槽与壳体的进气口相通。也就是说，在任何时候，无论螺杆式空气压缩机的螺杆旋转到什么位置，总有空气通过进气口充满与进气口相通的沟槽，这是压缩机的吸气过程。随着螺杆的转动，充满空气的螺杆沟槽的齿顶与壳体内壁贴合，沟槽内的空气被封闭。

2) 压缩过程

随着转子的继续旋转，沟槽内的容积由于螺杆齿的啮合而不断减少，被封闭在沟槽容积中的气体所占据的体积也随之减少，导致气体压力升高，从而实现气体的压缩过程。压缩过程可一直持续到齿间容积即将与排气口连通之前。在压缩过程中，压缩机不断向螺杆内喷射润滑油，起到润滑、降温的作用。

3) 排气过程

转子在电机的带动下,继续转动,封闭有压缩空气的螺杆沟槽端部边缘与壳体上的排气口边缘相通时,受压缩的空气迅速从排气口排出,从而进入螺杆压缩机的排气腔。该过程一直持续到螺杆末端为止,此时沟槽容积内的气体通过排气口被完全排出,封闭的沟槽内气体将变为零。

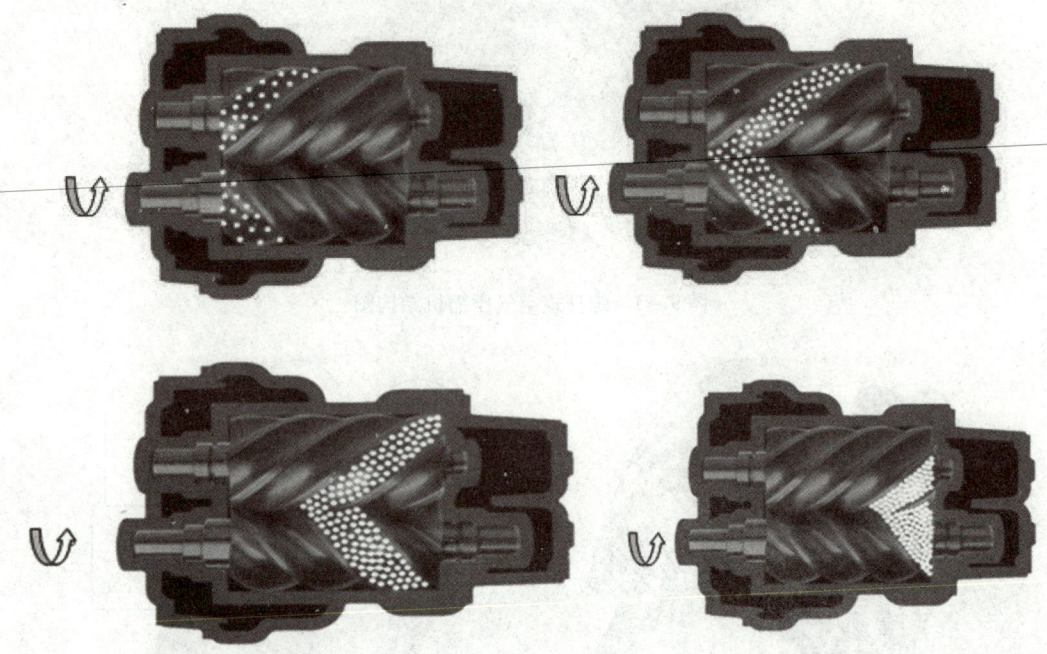

图 9-5　螺杆式空压机工作过程图

这里介绍的螺杆式空气压缩机的工作循环,是以一个螺杆沟槽为例,在实际工作中,空压机的每一个螺杆沟槽,都重复着相同的工作过程。因此保证了螺杆式空气压缩机工作的连续性和供气的平稳性,形成了它的振动小和效率高的特点。

9.1.3　空气干燥器

经空气压缩机输出的压缩空气含有较高的水分、油分和机械杂质等,必须经过干燥、过滤后,才能达到车辆设备的使用要求。这个过程就依靠空气干燥器来完成。

空气干燥器一般都是塔式的,有单塔式和双塔式两种。下面以双塔式干燥器为例加以说明。具体如图 9-6、图 9-7 所示。

模块9 风源及制动系统

图9-6 双塔式空气干燥器

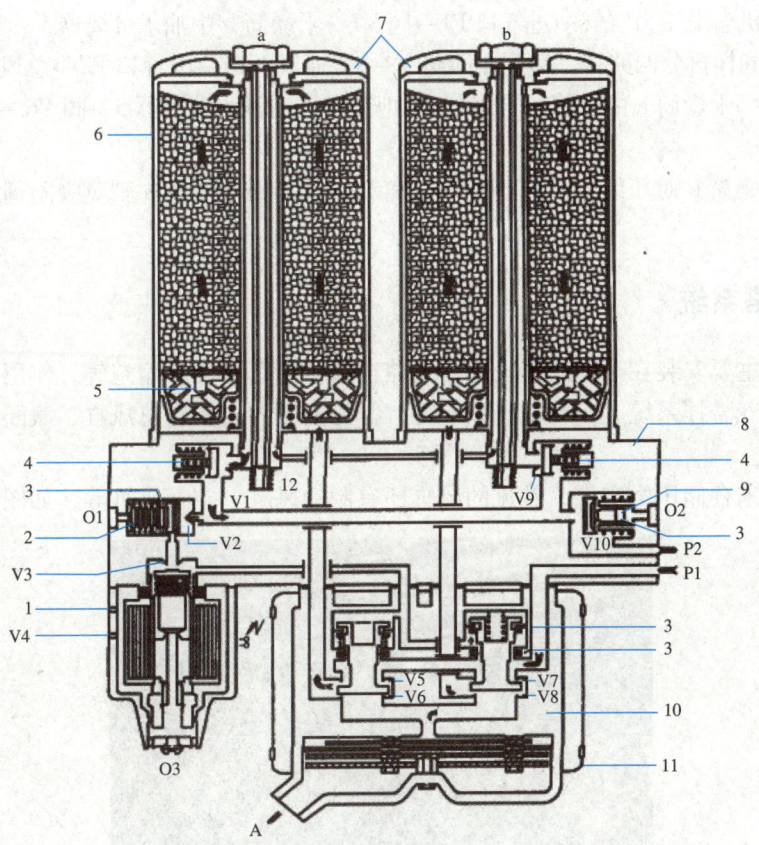

图9-7 双塔式空气干燥器工作原理
(a 为吸附工况,b 为再生工况)

1—电磁阀;2—预控制阀;3—克诺尔K形环;4—止回阀;5—油水分离器;6—吸附剂;
7—干燥筒;8—干燥器座;9—旁通阀;10—双活塞阀;11—隔热材料;12—再生节流孔;
A—排泄口;O1~O3—排气口;P1—进气口;P2—出气口;V1~V10—阀

干燥筒 a 处于吸附工作状态，干燥筒 b 则处于再生工作状态。循环控制器控制电磁阀 1，当电磁阀 1 得电时，开启阀 V3；从干燥后的压力空气一部分分流出来的用于控制的压力空气，通过打开的阀 V2 和阀 V3 后，到达双活塞阀 10。预控制阀 2 用来防止双活塞阀 10 动作时处于中间位置；阀 V2 是在双活塞阀 10 需要的"移动压力"达到时才打开。这个"移动压力"推动双活塞阀 10 的两个活塞克服各自的弹簧力，使右活塞移到顶部，而左活塞则移到底部，因此导致阀 V5 及 V8 的开启。其流程如下。

空气压缩机输出压力空气→进气口 P1→阀 V5→干燥筒 a 中油水分离器 5、吸附剂 6→干燥筒 a 中心管，此时分两路：一路经止回阀 V1→旁通阀 V10→出气口 P2→总风缸；另一路至再生节流孔 12→干燥筒 b 中吸附剂 6、油水分离器 5→阀 V8→消声器→排泄口 A→大气。

这样，干燥筒 a 对压缩空气进行油水分离和干燥，干燥筒 b 则对吸附剂、油水分离器进行排除油污和再生。

当干燥筒 a 中吸附剂达到饱和极限后，两个干燥筒转换工作状态，此时电磁阀 1 失电，阀 V3 关闭而阀 V4 开启。连通双活塞阀 10，控制压力空气排至大气，双活塞阀在各自弹簧力作用下复位，结果阀 V6 及 V7 开启。流程如下：

空气压缩机输出压力空气→进气口 P1→阀 V7→干燥筒 b 中油水分离器 5、吸附剂 6→干燥筒 b 中心管，同样再分两路：一路到止回阀 V9→旁通阀 V10→出气口 P2→总风缸；另一路至再生节流孔 12→干燥筒 a 中心管→干燥筒 a 中吸附剂 6、油水分离器 5→阀 V6→消声器→排泄口 A→大气。

此时，干燥筒 b 对压缩空气进行油水分离和干燥，而干燥筒 a 则对吸附剂进行排除油污和再生。

9.1.4 管路系统

管路系统主要安装在车辆底架上，用于储存和传递车辆的压缩空气，作用于列车的空气制动系统、空气悬挂系统、车钩联挂系统等，常见的主要装置有总风缸、截断塞门、空气管件等。

总风缸用来存储压力空气，常见的风缸还有制动风缸、空簧风缸等，如图 9-8 所示。

图 9-8 总风缸

截断塞门用来控制空气管路的开闭，如图9-9所示。当手柄与管路平行时为开启状态，手柄与管路垂直时为关闭状态。

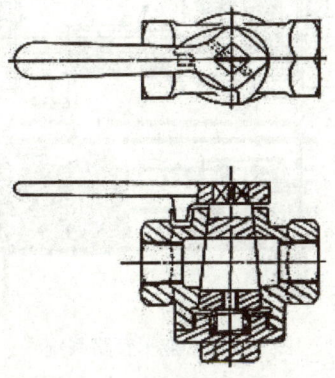

图9-9 截断塞门

管路系统连接风源装置与空气制动系统、空气悬挂系统、车钩联挂装置等。由于动车设备与拖车设备有所不同，因此管路系统也略有差别。动车管路系统如图9-10所示，动车包含空压机装置、BHB装置，因此动车管路系统从空压机中接收压力空气并储存到总风缸中，并通过管路传递到其他风缸和用风装置，包括BHB装置。

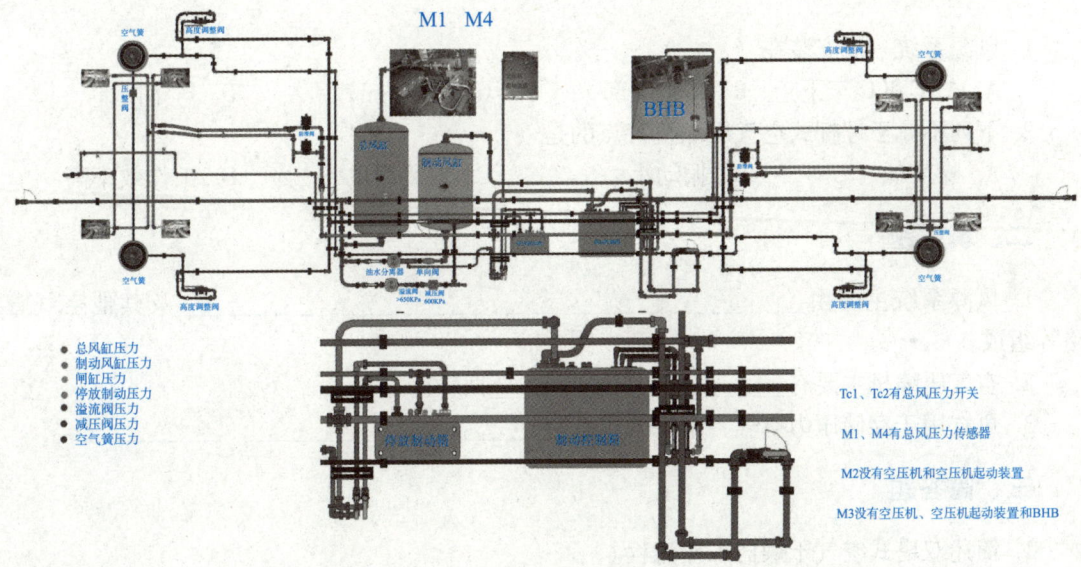

图9-10 动车管路系统

拖车管路系统包括车钩联挂装置、总风缸、制动风缸、空气弹簧装置等，如图9-11所示。

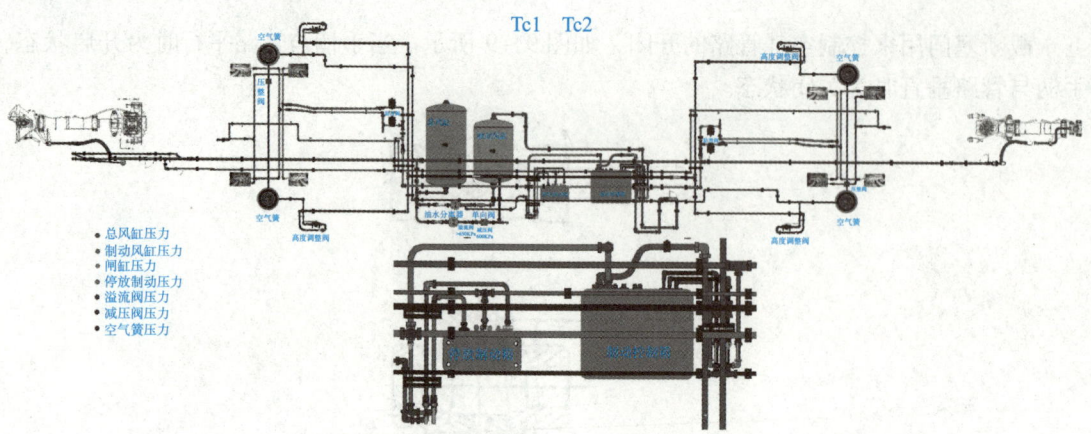

- 总风缸压力
- 制动风缸压力
- 闸缸压力
- 停放制动压力
- 溢流阀压力
- 减压阀压力
- 空气簧压力

图 9－11　拖车管路系统

【课后练习】

一、选择题

1. 风源系统一般安装在（　　）。
   A. A车和C车下　　B. A车上部　　C. C车内部　　D. B车内部
2. 下列不属于螺杆式空气压缩机特点的是（　　）。
   A. 噪声低　　　　B. 振动小　　　C. 安装简单　　　D. 工作效率高

二、填空题

1. 风源系统主要由＿＿＿＿、＿＿＿＿、＿＿＿＿、＿＿＿＿及其他空气管路等组成。
2. 空气压缩机主要有＿＿＿＿、＿＿＿＿两种。
3. 风缸用于存储压力空气，常见的风缸有＿＿＿＿、＿＿＿＿、＿＿＿＿。

三、简答题

1. 简述双塔式空气干燥器工作流程。
2. 对比动车管路和拖车管路，说出两者的不同之处。

单元 9.2 制动系统

【学习目标】

（1）熟悉制动的基本形式；
（2）熟悉基础制动装置的结构和作用原理；
（3）了解制动模式；
（4）了解空气制动防滑系统的作用原理。

【学习引入】

车辆制动系统是城市轨道交通车辆重要的组成部分，它是车辆运行安全的重要保证，既要求正常运行时能平稳、精准停车，又要求紧急情况下能够迅速停车，避免发生安全事故，减少财产损失。那么制动系统都有哪些种类？制动系统的结构和工作原理又是什么？

9.2.1 制动的基础知识

我们知道，人为使运动物体减速或阻止其加速称之为制动。对于城市轨道交通车辆而言，车辆不仅在进站停车、紧急情况需要施加制动，而且为了防止车辆在下坡道运行时，由于重力作用导致车速增加，也需要提前对车辆施加制动。车辆在站停车时，为防止车辆在重力或风力作用下溜车，也需要对车辆施加制动（又叫停放制动）。

当对已经施加制动的车辆，准备再次起动或加速时，必须解除或减弱制动的作用，我们称之为制动的缓解。

按照制动时车辆动能转移方式可以分为摩擦制动和动力制动。摩擦制动是通过摩擦副把动能转化为热能，然后消散于大气中；动力制动是通过发电机把动能转化为电能，再从车上转移出去。

1. 摩擦制动

轨道交通车辆中常用的摩擦制动主要有：闸瓦制动和盘形制动。一些高速列车的制动系统中还有轨道电磁制动等。这些制动方式都属于摩擦制动，它们都是通过摩擦将车辆的动能转化为热能，然后耗散掉，起到制动的作用。

1) 闸瓦制动

闸瓦制动也叫踏面制动，是最常用的一种制动方式。制动时，闸瓦制动装置接收到制动指令，向制动缸内充入压力空气，推动制动缸活塞杆向车轮移动，经基础制动装置各个杆件的传递，最终传递到闸瓦装置，推动闸瓦贴靠在车轮踏面上，车轮与闸瓦之间产生接触压力，车轮和闸瓦之间产生摩擦力，起到制动的作用。如图 9-12 所示。缓解时，制动装置接收到缓解指令，将制动缸内的压力空气排向大气，制动缸活塞在弹簧的作用下回弹，通过各杆件的传递，使闸瓦离开车轮踏面。

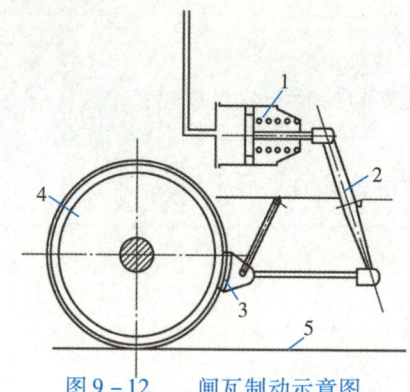

图 9-12　闸瓦制动示意图

1—制动缸；2—基础制动装置；3—闸瓦；4—车轮；5—钢轨

2) 盘形制动

盘形制动可分为轴盘式和轮盘式，如图 9-13 所示。对于拖车转向架一般采用轴盘式，动车转向架也优先选用轴盘式，但因为动力转向架轮对上布有牵引电机等装置，使用轴盘式有困难时，可采用轮盘式。制动时，压力空气充入制动缸，推动活塞杆，活塞杆带动两侧杠杆，通过杠杆和支点拉板组成的夹钳使装在闸瓦托上的闸瓦能够夹紧制动盘，使闸片与制动盘间产生摩擦，将车辆的动能转变为热能，热能通过制动盘与闸片逸散于大气。盘形制动采用的高性能摩擦副材料和良好的散热结构，可以获得比闸瓦制动大得多的制动功率。

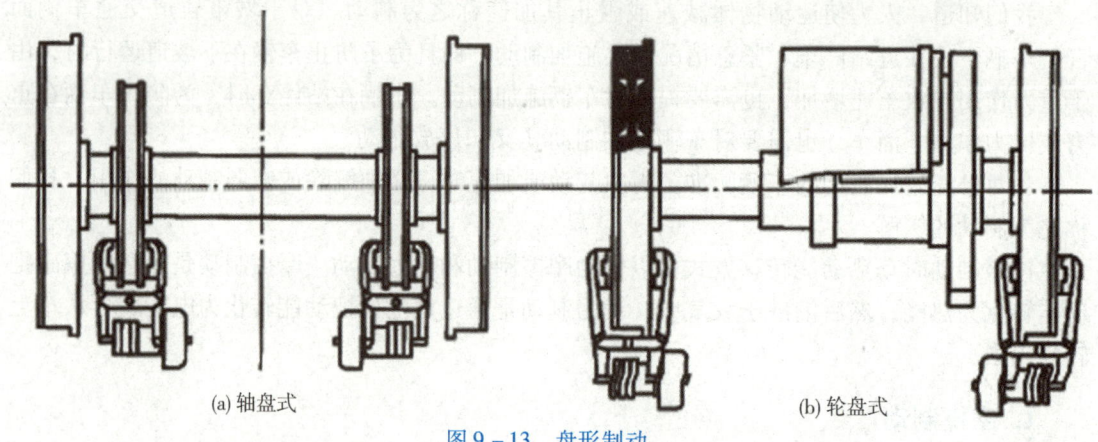

(a) 轴盘式　　　　　　　　　　　　　(b) 轮盘式

图 9-13　盘形制动

2. 动力制动

动力制动也称电制动，在制动时将牵引电机变为发电机，使列车的动能转化为电能。对产生的电能不同处理方式形成了不同方式的动力制动。城轨车辆上采用的主要形式有电阻制动和再生制动。

1) 电阻制动

电阻制动是将发电机产生的电能传递到电阻器上，使电阻器发热，依靠风扇强迫通风而消散于大气中，将电能转变为热能。电阻制动一般能提供较稳定的制动力。如图 9-14 所示。

图 9-14 电阻制动箱

2) 再生制动

再生制动是把车辆的动能通过电机转化为电能后，再将电能反馈回电网提供给其他列车使用。再生制动是利用电机的可逆性原理，车辆在制动时，列车的惯性力带动牵引电机，此时牵引电机作发电机运行，使列车动能转变为电能。再生制动既节约能源，又减少制动时对环境的污染，并且基本上无零部件的磨耗，因此，这是一种较为理想的制动方式。

9.2.2 基础制动装置

基础制动装置是制动系统的执行装置，基础制动装置主要分为闸瓦制动和盘形制动两类。在铁路车辆中，基础制动装置将制动缸活塞的推力，经过一系列杠杆的传递，将推力放大数倍，而后分配到各闸瓦（或闸盘）上，如图 9-15 所示。但是由于城轨车辆结构紧凑，车体下部没有足够的空间来安装零件较多的基础制动装置，因此，城轨车辆上普遍采用单元制动器，它是和基础制动装置完全一样的，只是在执行部件上要少一些。

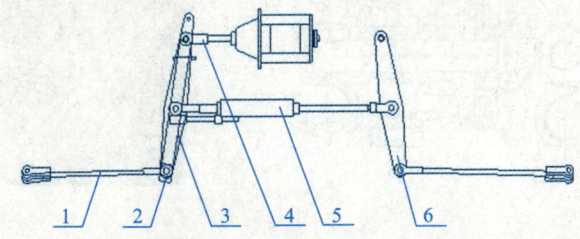

图 9-15 城轨车辆基础制动装置
1—拉杆；2—控制杠杆；3—前制动杠杆；4—推杆；5—闸调器；6—后制动杠杆

单元制动器将制动缸传递机构、闸瓦间隙调整器以及悬挂装置连接在一起，每个转向架上装有四个单元制动器，即每个车轮都装有单元制动器。如图9-16所示。

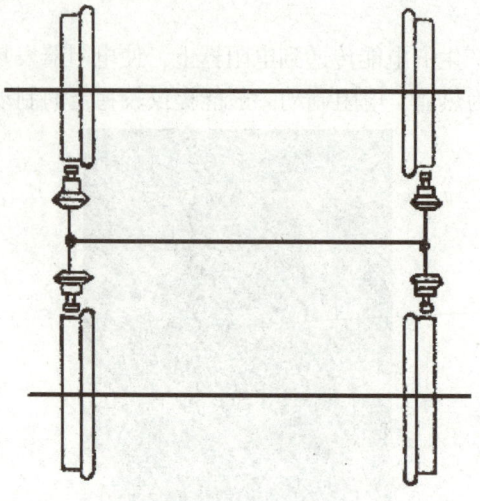

图9-16　单元制动器

单元制动器分为两类，一类是普通单元制动器，另一类是带停放制动缸的单元制动器。停放制动是指车辆在断电停车时，对车辆施加制动。

1. 踏面制动

下文以PC7Y型和PC7YF型单元制动器为例，介绍踏面制动单元制动器的构造和功能。

PC7Y型单元制动器主要由制动缸、活塞、制动杠杆、缓解弹簧、闸瓦间隙自动调整器、吊杆、扭簧、闸瓦托和闸瓦等组成。如图9-17所示。

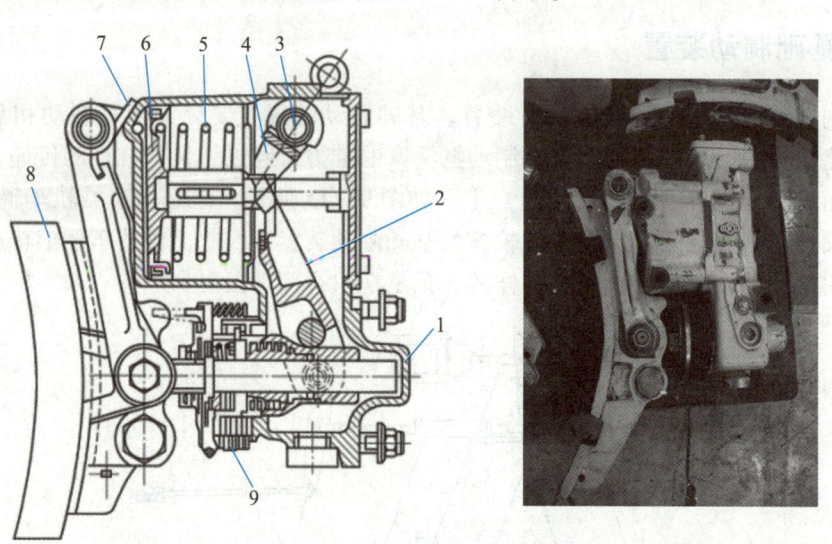

图9-17　PC7Y型单元制动器（不带停放制动器）
1—制动缸缸体；2—制动杠杆；3—安装在制动缸缸体上的枢轴；4—制动杠杆；
5—缓解弹簧；6—活塞；7—扭簧；8—闸瓦；9—闸瓦间隙自动调整器

制动时，单元制动器的制动缸内充入压力空气，推动活塞、活塞杆移动。活塞杆带动制动杠杆绕制动缸缸体上的销轴转动。由于制动杠杆的增力比为1：2.85，所以推力通过制动杠杆将力扩大后传递给闸瓦间隙自动调整器，再通过推杆，最后传给闸瓦，闸瓦贴紧车轮，产生制动。缓解时，制动缸内的压力空气排出，制动缸在缓解弹簧和扭簧的作用下推动推杆和活塞恢复原位，使闸瓦离开车轮，单元制动器处于缓解状态。闸瓦间隙自动调整器用来调节闸瓦与车轮之间的缝隙，避免闸瓦磨损后造成间隙过大，制动力不足。

PC7YF型单元制动器在PC7Y型的基础上增加了一个停放制动器，如图9-18所示。停放制动器实际上就是一个弹簧制动器，利用弹簧的弹性势能来推动制动缸活塞，带动两级制动杠杆，使闸瓦贴近踏面，从而达到制动作用。停放制动的缓解需要向停放制动缸内充气，通过活塞使弹簧压缩，达到缓解的目的。停放制动器是通过电磁阀来控制充排气的。司机室内装有停放制动施加与缓解按钮。当弹簧制动器1排风后，弹簧9将推动活塞10向前运动，带动杠杆12运动，杠杆12最终推动闸瓦向车轮踏面运动，实现停放制动功能。

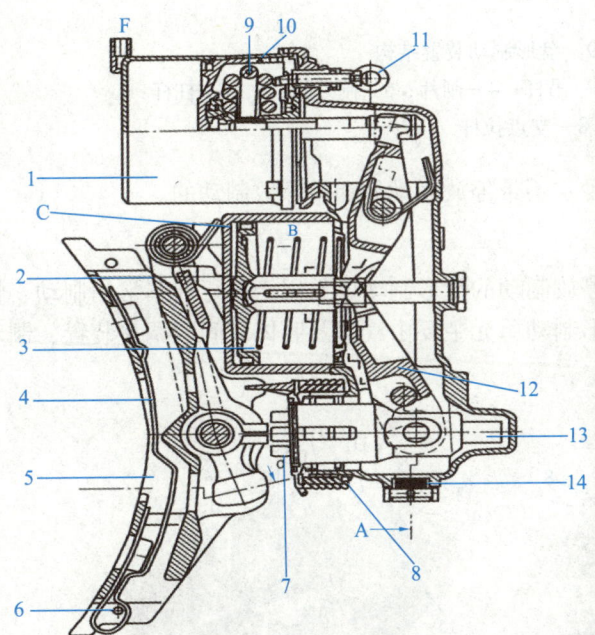
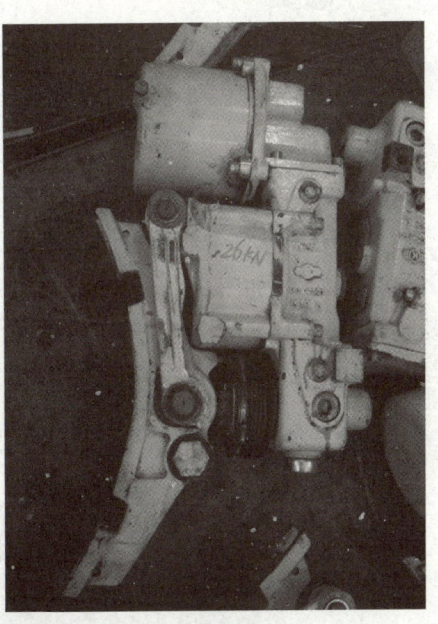

图9-18 PC7YF型单元制动器（带停放制动器）
1—弹簧制动器；2—制动缸活塞；3—缓解弹簧；4—锁紧簧片；5—闸瓦；6—开口销；
7—调整螺母；8—皮腔；9—弹簧制动器的弹簧；10—弹簧制动器的活塞；
11—紧急缓解拉环；12—杠杆；13—闸瓦间隙自动调整器的推杆；14—滤清器；
F—压力空气向弹簧制动器充气时的接口；C—压力空气向制动缸充气时的接口

2. 盘形制动

盘形制动装置主要包括单元制动缸、夹钳装置、闸片、制动盘等。结构如图9-19所示。单元制动缸中有闸片间隙调节器。夹钳装置由吊杆、闸片托、杠杆和支点拉杆组成。制动时，制动缸内充入压力空气，推动活塞杆，制动缸缸体和活塞杆带动两根杠杆，通过杠杆和支点拉杆组成的夹钳装置，夹紧制动盘，实现摩擦制动。

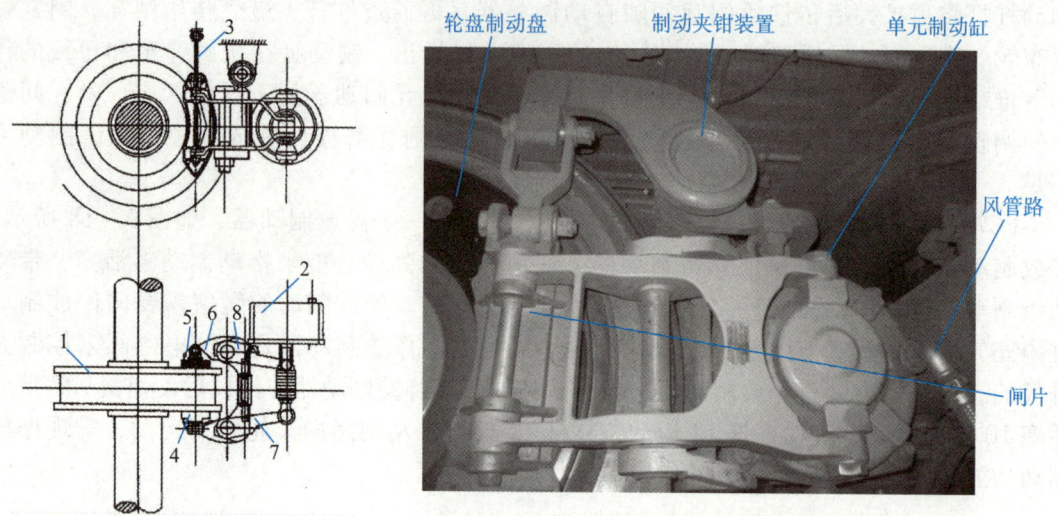

图 9-19　盘形制动装置结构
1—制动盘；2—单元制动缸；3—吊杆；4—闸片；5—闸片托；6，7—杠杆；
8—支点拉杆

盘形单元制动夹钳装置也可分为两种：不带停放制动的和带停放制动的。

1) 不带停放制动的盘形制动单元

其基本结构如图 9-20 所示。不带停放制动的盘形制动单元用于执行列车常用制动、快速制动和紧急制动的空气制动功能。盘形制动单元主要由气缸及腔体、间隙调整装置、制动杆和制动闸片及其支架组成。

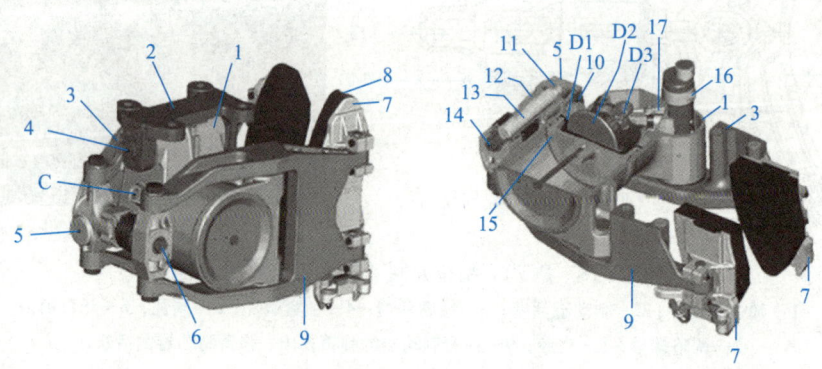

图 9-20　不带停放制动的盘形制动单元基本结构
1—机壳；2—托架；3—钳杆；4—销钉；5—闸瓦间隙调整模块；6—六角复位头；
7—制动闸片支座；8—制动闸片；9—钳杆；10—推杆；11—套筒飞轮；12—扭力弹簧；
13—心轴；14—推力螺母；15—隔膜（包括隔膜（D1）、活塞（D2）、
活塞复位弹簧（D3））；16—偏心轴；17—杆；C—常用制动供风口

机壳由销钉 4 支撑,该销钉安装在托架 2 中。此托架用螺栓连接到转向架构架上。隔膜 15 安装在机壳中,用两个形状相同的钳杆 9 以铰链连接。在钳杆的自由端装有制动闸片支座 7,外加制动闸片 8。钳杆 3 的另一端被铰链连接到闸瓦间隙调整模块 5。闸瓦间隙调整模块端部的推杆插口用橡胶盖密封,以防尘土进入。

车辆制动时,压缩空气经常用制动供风口 C 进入,作用在隔膜 15 内,推动活塞 D2 移动,并带动杆 17 上的偏心轴 16 转动,从而使安装在偏心轴上的钳杆 3 转至制动位置。而连接至闸瓦间隙调整模块 5 上与之相对的钳杆 9 也转至制动位置。制动闸片 8 接触制动盘,产生制动力。

车辆缓解时,压力空气经常用制动供风口 C 排出,活塞在活塞复位弹簧 D3 的作用下恢复原位,偏心轴 16 随活塞 D2 的缩回而转回。心轴 13 在闸瓦间隙调整模块 5 内继续转动,直至钳杆 3 和 9 复位,制动闸片 8 离开制动盘,实现缓解。

2) 带停放制动的盘形制动单元

其基本结构如图 9-21 所示,带停放制动的盘形制动单元在原来结构基础上增加了停放制动缸与手动缓解装置,常用制动的施加过程与不带停放制动的盘形制动单元一样。停放制动执行充气缓解、排气施加的原则,在此基础上还安装了手动缓解装置,可以在停放制动故障或需要在车底缓解停放制动情况下手动缓解。

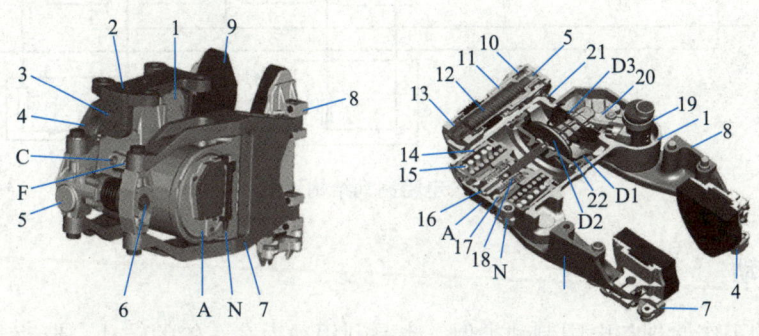

图 9-21 带停放制动的盘形制动单元基本结构

1—机壳;2—托架;3—销钉;4—钳杆;5—闸瓦间隙调整模块;6—六角复位头;7—钳杆;
8—制动闸片支座;9—制动闸片;10—套筒飞轮;11—扭力弹簧;12—心轴;13—推力螺母;
14—活塞;15—压缩弹簧;16—螺纹心轴;17—齿轮;18—螺母;19—偏心轴;20—杆;
21—推杆;22—隔膜(包括隔膜(D1)、活塞(D2)、活塞复位弹簧(D3));
A—弹簧制动器;C—常用制动供风口;F—停放制动供风口;N—紧急缓解装置

当弹簧制动器 A 排风时,压缩弹簧 15 动作,作用力由活塞 14 经锥形联轴节传递到螺母 18,再从那里转至螺纹心轴 16。螺纹心轴 16 通过活塞的推杆将作用力传递给活塞 D2,推动活塞到达制动位置,此时停放制动施加。

当压力空气经停放制动供风口 F 处进入弹簧制动器 A 时,使活塞 14 外加螺纹心轴 16 及推杆移回缓解位置。随着推杆回程,活塞 D2 由活塞复位弹簧 D3 推动回缓解位置,从而打开钳杆,实现停放制动缓解。

9.2.3 电制动系统

电制动是车辆在常用制动下的优先选择,仅带驱动系统的动车具有电制动,电制动又有再生制动和电阻制动两种形式。电制动具有独立的滑行保护和载荷校正功能。为此,每节动车装备有:一个三相调频调压逆变器(VVVF);一个牵引控制单元(DCU);一个制动电阻;四个自冷式三相交流电机 M1、M2、M3、M4(每轴一个,相互并联)。

1. 电阻制动

电阻制动基于牵引电机可逆转为发电机运行。这是在制动时,牵引电机转换为发电机,动力车车轮的转动使之发电,将列车的动能转化为电能,并将产生的电能消耗在制动电阻上转变为热能散发,从而产生制动作用的一种制动方式。如图 9-22 所示。

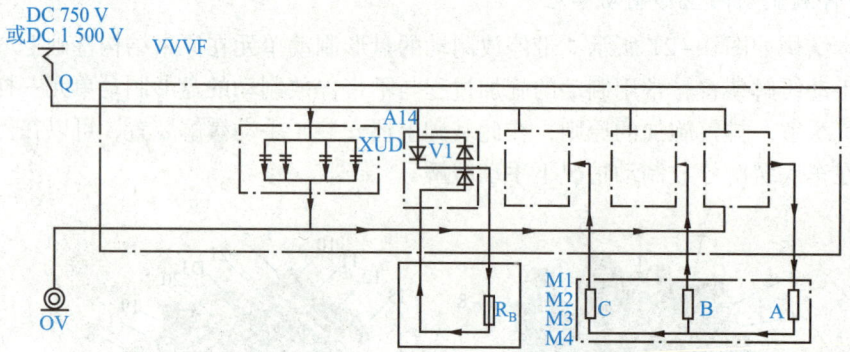

图 9-22 电阻制动结构示意图

2. 再生制动

再生制动的工作原理与电阻制动类似,也是利用动力车车轮的转动,带动牵引电机作为发电机运行。不同之处在于,再生制动产生的电能不是消耗在制动电阻上,而是将电能反馈到供电系统,供其他用电车辆使用。如图 9-23 所示。

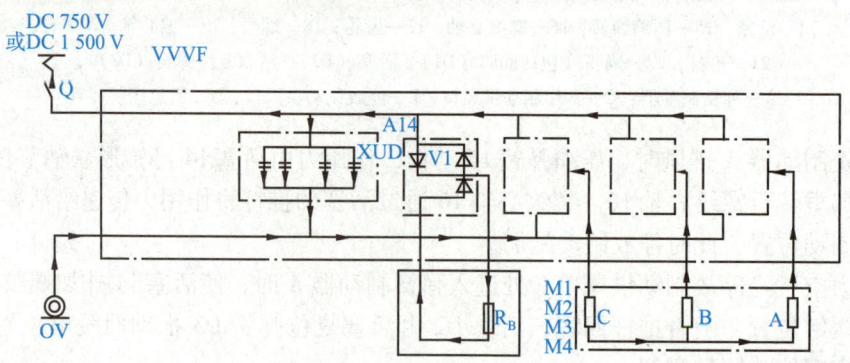

图 9-23 再生制动的结构示意图

9.2.4 制动控制系统

制动控制系统是指在驾驶员或其他车辆控制装置（如 ATC）的控制下，产生、传递制动信号，并对电制动和空气制动进行制动力的分配、协调的部分。如图 9-24 所示。制动控制系统主要包括空气制动系统和电制动系统两大类。空气制动系统又叫空气制动机，是以压力空气作为制动信号，用以传递和控制制动力；以电气信号作为传递制动信号的制动控制系统称为电气指令式制动控制系统。目前轨道交通中采用电气指令式制动控制系统较为普遍，而电气指令式控制系统又分为两类：一是数字指令式制动控制系统；二是模拟指令式制动控制系统。

图 9-24　制动控制系统

1. 数字指令式制动控制系统

数字指令式是指由 0 和 1 组成的二进制数,在用 3 位数组合时,除了(000),还有(001、010、100、101、110、111)7 组组合用在制动控制上,使 0 对应制动控制线 off,1 对应制动控制线 on。这样用三根制动控制线组合,可以得到 7 级制动。

此种制动机与空气制动机相比较具有制动指令传递速度快、制动分级多、制动力均匀等优点,但仍然是分级控制。

2. 模拟指令式制动控制系统

模拟式与数字式制动控制系统基本相同。不同之处是从驾驶室传到各车辆的制动电气指令是用模拟量传递的,所以称为模拟指令式制动控制系统。该控制系统可获无限级制动力,即可控制制动的细微调节,因此比较适宜 ATC 控制的列车。制动系统逻辑如图 9 - 25 所示。

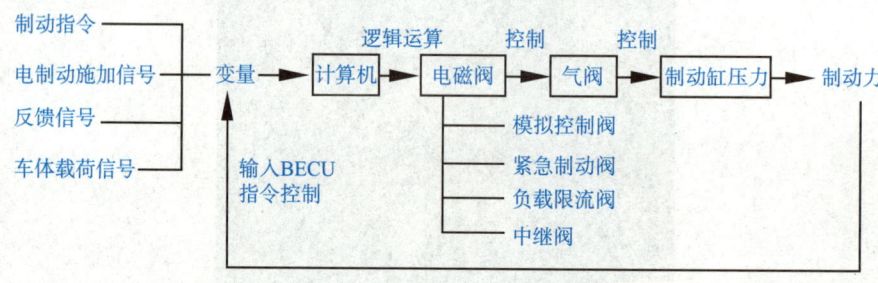

图 9 - 25 制动系统逻辑图

模拟指令式制动控制技术是将变量输入计算机,计算机经过逻辑运算控制电磁阀,由电磁阀控制气阀,由气阀直接控制制动缸压力,从而达到控制制动力的目的,是一种先进的电空控制系统。其核心部分是电子控制单元,它输入制动指令、电制动施加与否信号、车体载荷信号(即乘客的多少)、空气制动实际值的反馈信号,经综合运算后输出电气模拟转换和防滑控制的电信号,控制各种电磁阀,根据制动要求和实际情况不断调整制动缸压力。系统的另一个重要部件是制动控制单元,它由模拟控制阀、紧急制动阀、负载限压阀、中继阀等电磁阀组成,集成安装在一块内涌路的模板上,接受电子控制单元的指令,完成电气转换,然后对制动缸进行控制。

9.2.5 制动模式

1. 常用制动

司机通过操纵司机台上的司机控制器来实现常用制动控制,如图 9 - 26 所示。在正常情况下为调节或控制列车速度包括进站停车所施加的制动是常用制动,其特点是作用比较缓和,制动力可以调节,可随时缓解。最大常用制动的平均减速度为 1.0 m/s^2。

列车的常用制动是空气制动与电制动自动配合的电空混合制动。常用制动优先采用电制动，电制动不足时，由空气制动补充。

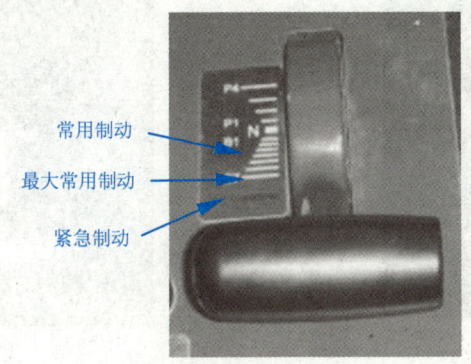

图 9-26　司机控制器

列车常用制动的制动程序：
（1）地铁列车首先充分利用再生制动形式；
（2）当电能过剩，不能反馈到电网时，采用电阻制动将电能消耗；
（3）当列车速度降到一定程度时，电制动被切除，由空气制动承担全部制动力。

2. 紧急制动

紧急制动是在紧急情况下，为使列车尽快停住所施加的制动，也称"非常制动"。其特点为纯空气制动，作用迅猛，不受冲动限制，制动力达到最大，停车前不能缓解。在最大超员工况、车轮半磨耗状态下，列车紧急制动的平均减速度不低于 1.2 m/s^2。

紧急制动是独立的控制回路，只要紧急制动环路断开，列车就会产生最高安全等级的紧急制动。只要出现下列情况之一，列车紧急制动环路断开：
（1）紧急按钮被按下，如图 9-27 所示；
（2）列车司控器打到紧急制动位（EB 位），如图 9-26 所示；
（3）列车运行时方向手柄回零位，如图 9-28 所示；
（4）头、尾车司机室均被激活；
（5）司机释放司控器上的警惕按钮时间 >5 s；
（6）ATP 给出紧急制动信号，由 ATP 系统发出的紧急制动指令、列车分离、110 V 控制电源失电、运行中列车完整性被破坏等情况；
（7）总风压欠压。当总风压力低于 600 kPa 时，车辆产生紧急制动；当总风压力高于 700 kPa 时，车辆因总风压力低产生的紧急制动会自动缓解。

任何原因产生的紧急制动缓解，均须在停车状态下进行缓解，将制动手柄打至紧急位，确认列车紧急制动施加后，才能进行缓解。

图9-27 紧急按钮

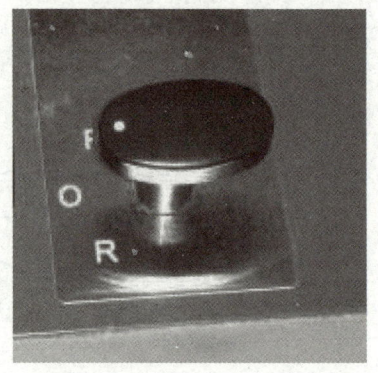

图9-28 方向手柄

3. 保持制动

为了使列车能在坡道上停车时保持静止，防止列车溜逸，在列车临时停车时，而实施保持制动。它通过常用制动实现（如制动力为最大常用制动力的70%）。

当车速小于5 km/h时，保持制动自动施加；当列车的牵引力达到最大牵引力的10%或车速大于2 km/h时，保持制动自动缓解。

4. 停放制动

停放制动是通过弹簧施加的纯机械制动。保证车辆在总风压力低时，能保持制动力。一般情况下每个转向架上，带停放制动的单元制动器呈对角布置。

当总风压力下降到一定压力后（如450 kPa），停放制动能够自动施加；当总风压力恢复时，停放制动能自动缓解。停放制动施加后，可通过单元制动器上的手动缓解装置进行缓解。一旦手动缓解了停放制动，停放制动即失效。在总风压力处于正常范围时，进行一次制动操作，停放制动功能方能恢复。

5. 空气制动防滑控制

空气制动防滑功能在紧急制动和常用制动时都可以起作用，系统如图9-29所示。主要是为了防止车辆在制动时，制动力过大，造成车轮与钢轨发生滑行，造成车轮和钢轨的磨损。一般空气防滑控制装置主要由1台控制单元、4个速度传感器、2个防滑排风阀组成。控制单元根据内部程序判定车辆是否发生滑行，在某个车轮将要发生滑行时，控制该车轮所在转向架的防滑排风阀进行排气、保压及充气动作，从而控制该车轮上的制动力，实现防滑目的。

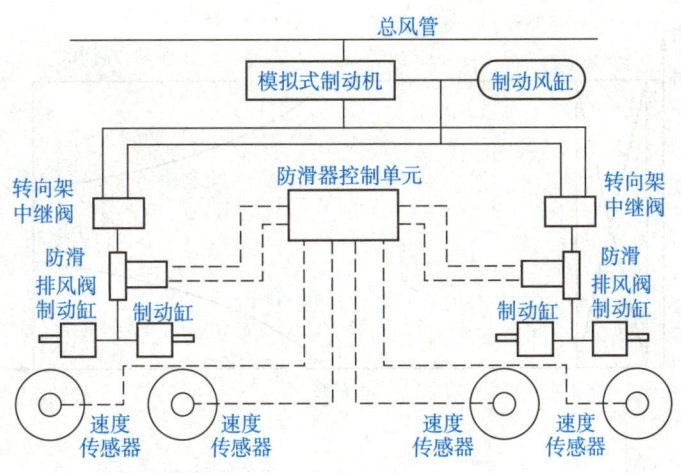

图 9-29 空气制动防滑系统

【课后练习】

一、选择题

1. 下列不属于动力制动的是（　　）。
   A. 电阻制动　　　　B. 再生制动　　　　C. 闸瓦制动
2. 下列与电制动无关的部件是（　　）。
   A. 牵引逆变器　　　B. 制动闸瓦　　　　C. 牵引电机
3. 在某个车轮将要发生滑行时，控制（　　）进行排气等动作，可以使车辆避免滑行。
   A. 中继阀　　　　　B. 防滑排风阀　　　C. 防滑控制单元　　　D. 速度传感器

二、填空题

1. 按照制动时车辆动能转移方式可将制动分为＿＿＿＿＿、＿＿＿＿＿两种类型。
2. 单元制动器分为＿＿＿＿＿、＿＿＿＿＿。
3. 电气指令式制动控制系统可分为＿＿＿＿＿、＿＿＿＿＿两种。

三、简答题

1. 说出盘形制动器的主要组成部分。
2. 根据下图，简述电空制动与速度关系。

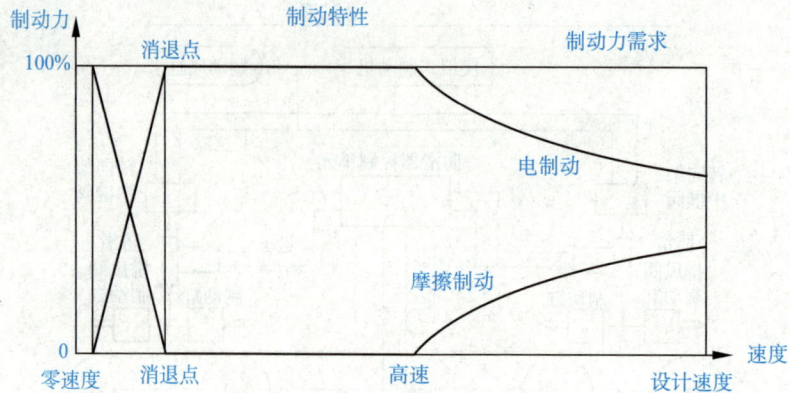

【实训考核】

实训任务	城市轨道交通车辆风源及制动系统		
实训目标	（1）能正确指认风源系统各部件，并说明其作用； （2）能正确区分闸瓦制动与盘形制动； （3）能正确实现车辆的五种制动模式。		
实训材料及准备	城市轨道交通车辆风源装置及基础制动装置		
班级		姓名	
学习小组		时间	
实训过程			

（1）分组练习、组内讨论。
（2）对照实训车辆指认风源系统各部件，小组讨论各部件的作用。
（3）对照实训车辆基础制动装置，指认车辆制动方式。
（4）对照实训车辆司机操作手柄，正确操作五种制动模式。
（5）组内考核，教师分组考核。

指导教师打分及评语：

　　　　　　　　指导教师签字：　　　　　　　　　　　　　　日期：　　年　月　日

模块 10 车辆空调系统

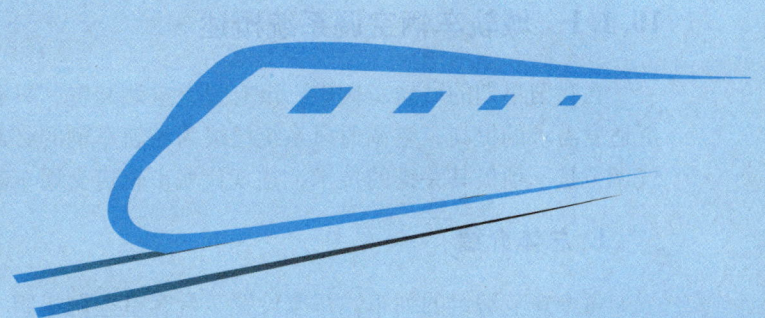

单元 10.1 空调系统的设计要求

【学习目标】

(1) 了解城市轨道交通车辆空调系统;
(2) 掌握空调系统的设计要求。

【学习引入】

在我国经济高速发展的今天,伴随着物质生活水平的提高,人们对生活环境及人体舒适度的要求也逐渐增加。空调系统可以满足乘客身体舒适度要求,在城市轨道交通车辆中发挥着重要的作用。

随着地铁线路的不断扩大,乘坐地铁出行的人群也越来越多,人们对乘坐地铁舒适性的要求也越来越高。空调系统可以使车厢内空气的温度、相对湿度、流动速度及清洁度满足乘客舒适的乘车要求,同时也是提升地铁运营服务质量的重要因素。

10.1.1 城轨车辆空调系统概述

在我国早期的城轨车辆中，没有设置空调装置，只有简易的通风系统。随着人们对乘车舒适度需求的提高，空调通风系统已成为城轨车辆的必需设备。从技术角度来看，车辆的空气调节是一项极其关键的技术，是现代城市轨道交通车辆先进技术的重要体现。

1. 总体介绍

每个6节编组的列车，每车设置2台客室空调机组（如图10-1所示）和1台控制盘，每个车头设置1个通风单元（如图10-2所示）。另外还有车厢内的风道系统和废排装置等。

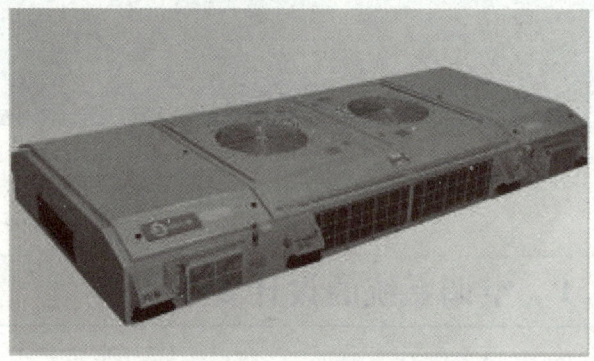

图10-1 客室空调机组

图10-2 通风单元

2. 空调系统主要参数

城市轨道交通车辆空调系统的主要参数如表10-1所示。

表 10-1　空调系统的主要参数

参　　数	取　　值
额定制冷量	41 kW
额定送风量	4 250 m^3/h
额定新风量	1 300 m^3/h
制 冷 剂	R134a
紧急通风量	2 000 m^3/h
质　　量	900 kg
主回路电源	3 相 AC 380 V/50 Hz
控制回路电源	DC 110 V

3. 空调机组位置布置

城市轨道交通车辆空调机组位置布置如图 10-3 所示。

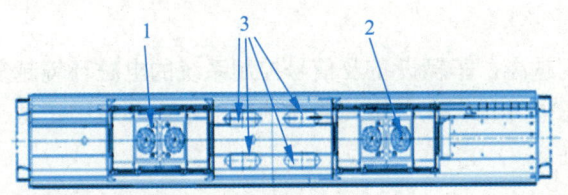

图 10-3　空调机组位置布置
1——单元空调机组；2——二单元空调机组；3—客室废气排放口

10.1.2　城轨车辆空调通风系统设计要求

1. 空调机组

城市轨道交通车辆空调机组一般应有小型轻量化、可靠性、阻燃性、水密性、可维护性、噪声低等要求。

1) 小型轻量化

小型轻量化是城轨车辆空调系统的显著特点。城轨车辆的空调机组通常安装于车顶部，其体积重量受到上部限界的限制，所以小型轻量化是空调机组必须满足的条件。

2) 可靠性

城轨车辆空调机组应能满足车辆运行振动和冲击条件下的可靠性要求。首先，空调机组的耐振性要好。车辆在运行过程中会产生振动，空调机组要具备足够的耐振性能。其次，空调机组的耐腐蚀性要好。现代城市污染程度较大，对暴露在大气中的空调电机和换热器壳体的耐腐蚀性要求较高，须采取相应的保护措施。

3) 噪声低

轨道交通也属于噪声污染源之一，尤其对沿线的影响更大。城轨车辆在选用空调与制冷装置时，必须考虑其噪声的影响。

4）免维护程度高

安装于城市轨道交通车辆上的空调机组不能像地面制冷机组那样，可以给检修和维护人员一个易于检视的环境和空间。根据轨道交通空调的使用经验，在条件允许的情况下，空调系统应尽量使用单元式、全封闭式制冷循环系统，并提高免维护的元件使用率。

2. 空调控制器

空调控制器控制空调系统正常运行，是空调与制冷装置的重要组成部分。现代城轨车辆的空调控制器要求自动化程度高、电磁兼容性好、可靠性高。

1）自动化程度高

目前，很多城市的城轨车辆空调系统都采用微处理器控制，对偶发性非故障现象进行自我判断，对实际故障进行诊断记录，可以通过手提电脑进行手动调试，为乘客和司机创造良好舒适的环境。

2）电磁兼容性好

车辆的自动化程度越高，车辆设备及信号控制系统的电磁环境越复杂。因此，空调系统的控制装置要充分考虑电磁兼容性，使其能在预期的电磁环境中正常工作，且无性能降低或故障。

3）可靠性高

目前，车辆空调控制器的关键元件采用的是质量较好的进口元件或合资工厂生产的元件，降低了元件的故障率。电路设计经过大量的实际运行验证，可靠性较高。

3. 通风系统

经空调机组处理后的空气通过通风系统送入车内，并保持车内送风均匀。城轨车辆的空调通风系统应在以下方面达到特定要求。

1）温度均匀

客室内温度的均匀性主要取决于风道送风的均匀性，所以风道的设计至关重要。城轨车辆空调多采用静压送风风道，保证冷热空气能够均匀送出，使得车内温度均匀。

2）气流组织

城市轨道交通车辆内的空气流速能影响人体的散热。车内空气流速的增大可以加速人体表面的对流散热，促进汗液的蒸发，从而增加散热效果；但风速过高，乘客头部的吹风感较强，会影响舒适性。

据相关研究数据，设计送风风速在 $0.15 \sim 0.25 \text{ m/s}$ 范围内，既能使车厢内温度均匀，又能控制好车内微风速。

3）新风量和废排量

城市轨道交通车辆载客量大，若乘客人数众多，则由于人的呼吸会造成车内氧气减少、二氧化碳含量增加，导致乘客感到气闷、疲劳，二氧化碳增加到一定浓度后会影响人的健模块10 车辆空调系统

康。此外,车内还可能产生其他有害气体,使空气变得污浊。因此,必须不断更换车内空气,保持一定的新鲜程度。按照卫生标准和要求,每人必须有 20~25 m^3/h 的新鲜空气量。但是,若新风量过大,会导致客室内的正压值增大,这时就需要将客室内多余的空气排出车外。一般设置废排口或废排装置。

4)紧急通风

城市轨道交通车辆在运行中是一个密闭的空间,当列车正常供电失效时,空调系统应能自动转为紧急通风状态,制冷压缩机和冷凝风机全部停止运转,仅通过紧急逆变器将列车蓄电池的 DC 110 V 电源逆变为交流电,维持通风机一定时间的紧急通风,保证车厢内乘客所需的氧气量。

【课后练习】

简答题

1. 空调系统主要参数都有什么?
2. 空调机组位置是怎么布置的?
3. 城轨车辆空调通风系统设计要求都有哪些?

■ 单元10.2 车内空气参数的设定

【学习目标】

了解城市轨道交通车辆车内空气参数的设定。

【学习引入】

在城市轨道交通车辆内,人群拥挤,所以乘客对空气质量要求比较高。那么地铁车辆内的空气质量是由什么决定的?空气参数又是怎么设定的?乘客到底喜欢什么样的温度、湿度、流速和洁净度的空气呢?

10.2.1 乘客舒适性指标

乘客的舒适性包括客室内的温度、湿度、新风、CO_2含量、含尘量、微风速、温度场均匀性和噪声等指标。在标准大气压下,人体对舒适度的要求,因个人的体质、年龄、民族、地域、生活习惯、衣着服装等不同而有所不同,冷热干湿的要求也有很大差别。如夏季北京天气炎热、比较干燥,而上海气候除炎热高温外,相对湿度较大。南北方的这种差异决定了城轨车辆车内空气参数设定的指标规定应有所不同。据统计资料表明,大多数人感到舒适的空气条件如表10-2所示。

表 10-2 人体感到舒适的空气条件

程度	夏季温度/℃	冬季温度/℃	相对湿度/%	新鲜空气流量/(m³/h)	风速/(m/s)
舒适	22~28	15~21	30~70	>20	0~0.2
适应	27~43	0~15	15~30	8~20	0.2~0.4
有害	>43	<0	<15 或 >70	<8	>0.4

10.2.2 温湿度指标

客室内温湿度的确定,需考虑车内外温差、乘客的体质对环境的感受等诸多因素。空气湿度大时,温度应有所下降;湿度小时,温度应有所提高。乘客不同,对温度、湿度的要求也不同,一般能够使80%的乘客感到舒适和适应,就可以认为已经达到了设计要求。

1. 客室温度

夏季,客室温度应考虑外气温度,否则过大的车内外温差会使人不适应。根据我国实际情况,28℃一般是感觉舒适与不舒适的分界点,也是人体生理活动由正常到开始恶化的分界点,因此可把28℃设定为客室最高设定温度。

冬季,地铁站内的温度相对地面来说较高,乘客穿的衣服较厚,在短暂的乘车过程中乘客一般不脱下外衣,因此冬季内客室温度不宜设定太高,可为18~20℃。

2. 客室湿度

结合相对湿度的适应性,当人体周围温度在26.7℃以下时,湿度对人体的影响不很明显;但是当温度在28℃以上时,空气相对湿度对人体的影响就较为明显了,当相对湿度达到70%时人开始感觉不舒适。因此,车内相对湿度最大允许值可取70%,一般应在45%~65%的范围内。

3. 客室风速

空调吹出的空气流速又称微风速,同样影响人体散热,是空调系统设计中一个很重要的指标。我国铁路客车规定微风速≤0.35 m/s。城轨车辆的内顶高度比铁路客车低,若风速过高,会导致乘客头部的吹风感较强,影响舒适性;但城轨车辆的容客量较大,若风速过低,会影响散热效果。一般可将送风风速设计在0.15~0.25 m/s范围内,冬季比夏季略低一些。

4. 新风量

现代城市轨道交通车辆在运行时均为密闭空间,空调系统必须保证持续更换车内空气,使车内各种污染物浓度保持在卫生标准所允许的浓度值以下。我国《地下铁道车辆通用技术条件》定为不少于 10 m³/（h·人），在实际设计时，可将新风量的数值取高一些，如取到 15 m³/（h·人），CO_2 含量容积比取 0.15%～0.2%。

5. 含尘量

含尘量是城市轨道交通车辆空调设计中的一项卫生指标，铁路客车规定空气含尘量为 1 mg/m³。对于地下运行的城轨列车来说，考虑到技术可行性，可以适当放宽该项标准。车辆在隧道内运行，隧道内的灰尘、闸瓦制动产生的粉末等颗粒，必然会通过各种渠道进入车内，含尘量数值应以不超过 1.5 mg/m³ 为宜。

综上所述，城市轨道交通车辆的车内空气参数标准如表 10-3 所示。

表 10-3 车内空气参数标准

空气参数	标准	
	夏季	冬季
温度/℃	24～28	18～20
相对湿度/%	≤65	≥45
微风速/（m/s）	0.15～0.25	0.15～0.20
新风量/[m³/（h·人）]	≥10	≥10
CO_2 体积分数/%	≤0.15	≤0.15
含尘量/（mg/m³）	≤1	≤1

【课后练习】

一、填空题

乘客的舒适性包括客室内的_____、_____、_____、_____、微风速、温度场均匀性和噪声等指标。

二、简答题

地铁车内温湿度的要求是什么？

单元 10.3 空调系统的构成

【学习目标】

(1) 了解城市轨道交通车辆空调系统的组成;
(2) 掌握城市轨道交通车辆空调系统的工作原理。

【学习引入】

城市轨道交通车辆空调系统是车辆的重要组成部分,那么空调系统是由哪些结构组成的?

城市轨道交通车辆的空调系统主要由通风系统、制冷系统、加热系统和自动控制系统组成。

通风系统:提供新鲜空气,组织气流。
制冷系统:夏季调节温度、湿度。
加热系统:冬季对进入空气进行预加热。
自动控制系统:协调工作,调节空气参数符合人体要求,同时对空调装置起保护作用。

10.3.1 空调机组

车顶两端设两台单元式空调机组(结构见图10-4),每台机组有八个安装座。通过八个减振器固定在车顶凹处的平台上,并加设防护罩(侧罩板)以防灰尘和雨水。机组下面有送风口两处,回风口一处,其周围均设防风防雨密封胶条、胶垫与车体密封。

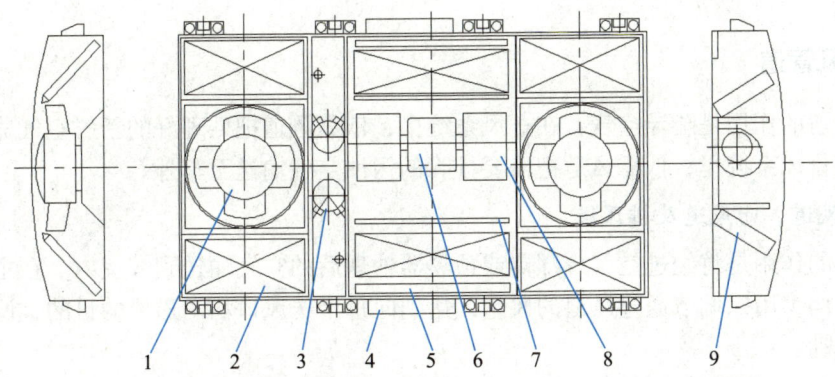

图 10-4 单元式空调机组结构图（俯视图）

1—冷凝器风机；2—冷凝器；3—全封闭压缩机；4—新风口；5—回风口；
6—送风机；7—电加热器；8—送风口；9—蒸发器

10.3.2 通风系统

通风系统由通风机组、风道、风口、空气过滤器等部件组成，有机械强迫通风和自然通风两种方式。城轨车辆采用机械强迫通风方式，依靠通风机所造成的空气压力差，通过车内送风道输送经过处理后的空气，从而达到通风换气的目的。机械强迫通风系统是车辆空调装置中唯一不分季节而长期运转的系统，因此它的质量状态直接影响到旅客的舒适性和空调的经济性。

1. 通风机

常用的通风机有轴流式（如图 10-5 所示）、离心式（如图 10-6 所示）和贯流式三种。在车辆通风系统中常采用离心式风机送风，排风机和冷凝风机采用轴流式风机。

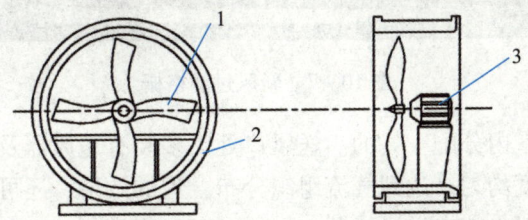

图 10-5 轴流式风机

1—叶片；2—机壳；3—电机

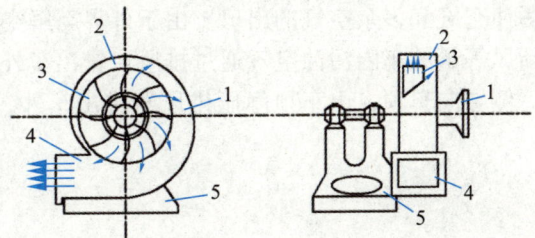

图 10-6 离心式风机

1—吸气口；2—机壳；3—叶轮；4—排气口；5—机座

2. 通风管道

通风管道的作用是疏导空气。在送风系统里，依靠风道把处理好的新鲜空气输送到客室车厢内；在排风系统里，依靠风道把需要排除的污浊空气输送至车外。

1）主风道、回风道及排风道

主风道的作用是将经过空气冷却器或预热器处理后的空气输送到客室内。在主风道中常装有调风机构，用以调节通过风道的风量，达到向每个送风口均匀送风的目的，调节方式可以手动或自动。

回风道是室内回风使用的风道，一端与回风口相连，另一端与通风机相通。

排风道是用来排出车内污浊空气的风道，一端连接排风口，另一端与排风机相连或与自然通风器相连。

2）新风口、送风口、回风口及排风口

新风口是新鲜空气的吸入口。新风口一般装有新风过滤格栅（如图10-7所示），用以防止杂物及雨雪进入车内；另外还设有新风滤网和新风调节装置，以便根据需要调节新风量，同时在通风机停止运转时便于关闭新风口。

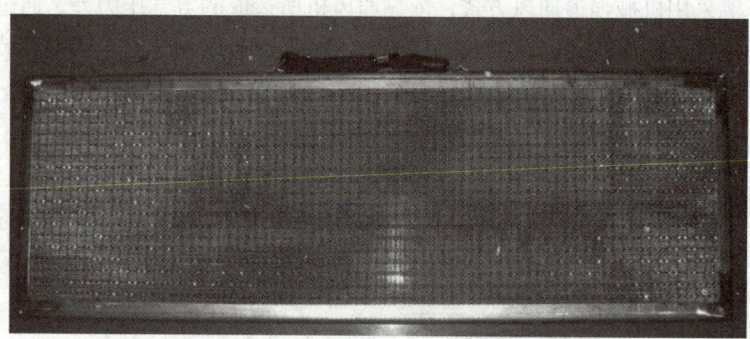

图10-7 新风过滤格栅

送风口是用来向客室内分配空气的。送风口处大多装有送风器及风量调节机构，它不但使客室内送风均匀、温度均匀、达到气流组织分布合理的效果，还可以根据需要来调节送风量的大小，送风口处一般也装有送风滤网。

回风口是室内再循环空气的吸入口。正常情况下，客室内一部分空气应作为回风。回风与新风混合前是在客室中被充分循环过的，与新风混合过滤后，通过蒸发器入口进入。

排风口是排出车内污浊空气和多余空气的出口。由于外界新鲜空气不断送入车内，为保持车内压力恒定，将与新风等量的车内污浊空气通过排风口排出车外。排风口一般设置在车内的长椅下，经内墙板后侧导向车顶，由车顶静压排风器排出车外。如图10-8、图10-9所示。

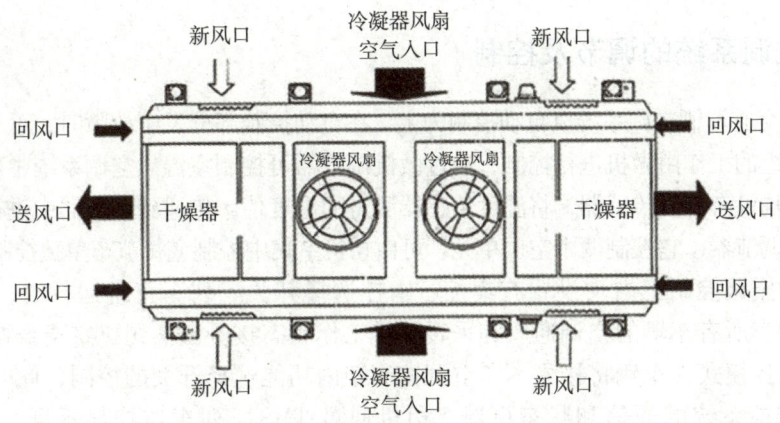

图10-8 通风系统气流组织示意图

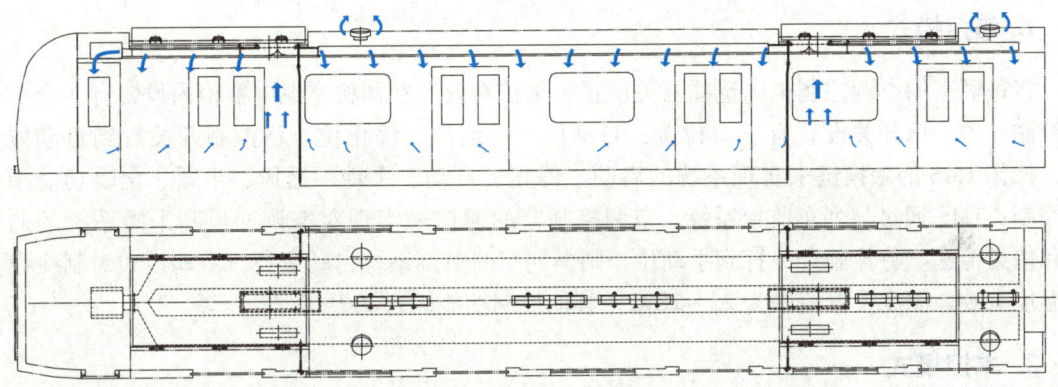

图10-9 空调系统通风方案

3. 空气过滤器

空气过滤器是利用过滤材料将空气中的悬浮颗粒除掉的设备。空气中的尘埃不仅会影响乘客的舒适和健康，还会影响生产工艺过程的正常进行和车内清洁，甚至恶化某些空气处理设备的处理效果（如加热器、冷却器的传热效果），因此在通风系统中必须设置空气过滤器，一般设有新风过滤器、回风过滤器，并且应装在空气处理器的前端，以减少后续设备的表面积灰。

4. 紧急通风系统

现代城轨列车的每辆车均配有一台紧急逆变器，在交流辅助电源设备（SIV辅助逆变器）故障的情况下，紧急通风系统立即自动投入工作，向客室、司机室输送新风，维持至少45 min紧急通风，应急供电由蓄电池供给。当交流辅助电源供电正常时，空调系统自动转入正常工作状态。

10.3.3 空调系统的调节及控制

城市轨道交通车辆空调系统以自动控制为主,在自动控制部分发生故障时,可采用手动调节装置。空调机组的工作由微机进行控制,通过微机调节器可控制室温。空调系统中新风口、风道和客室座位下均设有温度传感器,将温度传感器测得的温度值,传递到调节器中进行处理。每节车有一台微机调节器,它控制两个空调单元,可由司机室集中控制或每节车单独控制。

每辆车的空调控制柜内均设置有集控、本控选择开关。列车正常运行时,选择集控模式,此时整列车所有车辆的空调通风和采暖系统工作状态接受激活司机室指令控制;列车在检修时选择本控模式,车辆将接受本车空调控制柜内功能选择开关的控制,此时空调控制器保持对列车监控系统的通信和状态更新。司机通过 TMS(列车监控显示屏)对空调进行设置。

1. 集控模式

将每辆车的空调控制柜内选择开关设置为集控有效。在司机室继电器柜内设置有一个空调控制开关,该开关设置有三个位置:自动位、手动位、停止位。将控制开关打到自动位时,操作 TMS 的触摸键来实现系统的启动、停止、自动、手动、通风、半暖、全暖功能指令控制;TMS 通过与列车监控系统、空调控制器的通信来实现对空调通风和采暖系统的监控和信息传递。将控制开关打到手动位,则整列车的空调系统自动运行,手动模式对制冷设置温度有效,温度设置范围为 21~28℃,其他控制功能同自动模式。

2. 本控模式

车辆在检修时选择本控模式,此时只需将空调控制柜内的选择开关打到"本控位"即可。在本控模式下,空调控制器保持对列车监控系统的通信和状态信息更新,但是不再执行列车监控系统发来的控制命令。本控模式具有下列操作模式:通风、半冷、全冷、半暖、全暖、停止和服务模式。

3. 紧急通风模式

无论空调控制柜内的集控、本控选择开关处于什么位置,只要空调控制器检测到 AC 380 V 失电,空调通风和采暖系统工作电源电路中过流保护断路器闭合而电压检测模块触点断开,在 12 s 的时间内检测到"半载模式准备命令"为 0,空调系统就进入紧急通风。紧急通风时,回风口关闭。

10.3.4 通风空调制冷原理

蒸气压缩式制冷循环系统主要由压缩机、冷凝器、膨胀阀和蒸发器四个部件组成,并用管道连接,形成一个封闭的循环系统,结构简图如图 10-10 所示。

其工作工程为:

(1) 液体制冷剂在蒸发器中吸收室内空气的热量,气化成低压低温的蒸气后被压缩机吸入;

(2) 压缩机消耗一定的机械功将制冷剂蒸气压缩成压力、温度都较高的蒸气并将其输入冷凝器；

（3）高温、高压的制冷剂蒸气在冷凝器内被环境介质（如空气或水）强制冷却，放出热量后被冷凝成液体，此时的制冷剂液体还处于高温、高压状态；

（4）高温、高压的制冷剂液体经过膨胀阀节流降压，重新变为低温、低压的液体进入蒸发器。

这四个阶段周而复始地循环，达到持续制冷的效果。

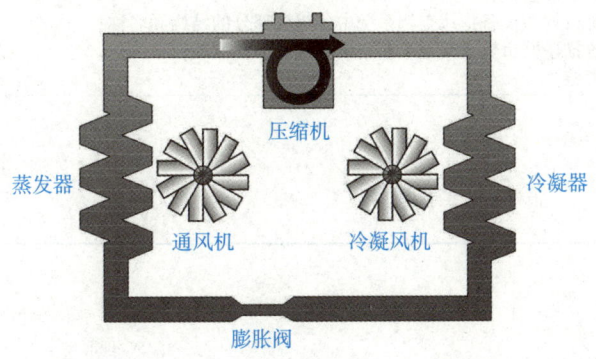

图 10-10　制冷循环系统结构简图

【课后练习】

一、填空题

城市轨道交通车辆的空调系统主要由：_____、_____、加热系统和_____组成。

二、简答题

1. 通风系统都是由哪些部分组成的？
2. 空调系统是怎样进行调节及控制的？
3. 通风空调制冷原理是什么？

【实训考核】

实训任务	城市轨道交通车辆空调系统结构认知
实训目标	（1）能正确描述人体舒适性指标； （2）能准确指认城市轨道交通车辆空调系统中各组成部分的结构和名称； （3）能正确描述城市轨道交通车辆空调系统的工作原理。

续表

实训材料及准备	城市轨道交通车辆空调或相关实训设备		
班级		姓名	
学习小组		时间	
实训过程			

(1) 分组练习、组内讨论；
(2) 分组讨论，描述人体舒适性指标；
(3) 对照实训车辆空调系统或相关设备指认空调系统中各组成部分的结构和名称；
(4) 对照实训车辆空调系统描述城市轨道交通车辆空调系统的工作原理；
(5) 组内考核，教师分组考核。

指导教师打分及评语：

指导教师签字： 日期： 年 月 日

模块 11 列车网络控制系统

■ 单元 11.1 列车网络控制系统原理

【学习目标】

(1) 了解列车网络控制系统的特点；
(2) 熟悉列车网络控制系统的类型及原理。

【学习引入】

现场总线本质上是一种数字通信协议，是一种应用于生产现场，在智能控制设备之间实现双向、多节点的串行数字通信系统，是一种开放的、数字化的、多点通信的底层控制网络（见图 11-1）。

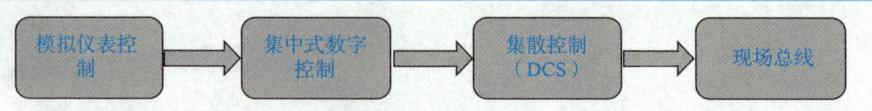

图 11-1　现场总线技术

列车控制网络是应用于列车环境下的特殊计算机网络。作为通用的现场总线均可以在列车控制网络中得到合适的应用。列车运行的状态信息通过现场总线这个载体进行交换与传输,从而实现对整个列车的控制,保障列车有效而安全地高速运行。

11.1.1　列车网络控制系统概述

列车控制网络主要实现对列车关键设备运行状态的监视,并根据需要对设备进行远程控制。列车控制网络集列车运行控制、机车车辆控制、状态监测、故障检测与诊断以及旅客信息服务于一体,以车载微机为主要技术手段,通过控制网络实现列车各个系统之间的信息交换,最终达到对车载设备的集散式监视、控制和管理的目的,实现列车控制系统的智能化、网络化与信息化。

列车网络控制系统从结构上可以分为三级:第一级为列车级,实现信号在列车层面的数据传输,为了实现不同型列车的重联,UIC556 标准对具体的传输信号进行了规定;第二级为车厢级,车厢级设备较多,可以设计的拓扑结构也较灵活,传输数据量相对较多,但是具体的传输内容并没有做相应的规定;第三级为设备级,要求信号的响应速度较快,设备级信号传输可以采用串行总线也可以采用并行总线。

11.1.2　列车网络控制系统的特点

1. 开放式控制系统

列车控制网络是一个开放式系统,系统的体系结构遵循 ISO7498 标准规定的 OSI/RM,方便不同生产厂家的设备互连。

2. 分层控制系统

列车控制网络通常采用分层结构。列车总线和车辆总线是两个独立的通信子网,可采用不同的网络和协议,通过一个列车总线节点互连,在应用层的不同总线之间通信时,由此节点充当网关。

3. 实时控制系统

列车控制网络以实时方式控制整个列车。其网络传输具有距离短、传输率低和实时性强的特点。

国际上常用列车的网络技术特点见表 11-1。

表 11-1 常用列车的网络技术特点

技术	特点	代表厂家	应用
TCN	传输速率高，实时性较强，网络配置完整	西门子：SIBAS-32 时代电气：DTECS 庞巴迪：MITRC	应用广泛
LonWorks	开放性好，实现简单，但网络上节点较多时，实时性较差	美国 Echelon	纽约地铁
ARCNET	效率高，实时性好，但网络线路少，数据类型较单一	三菱	CRH_2
WorldFIP	传输速率高，实时性较强，协议统一	阿尔斯通：AGATE Link	法国 TGV
CAN	实时性好，速率高，但大数据量及传输距离受限，适用于车辆总线	德国 BOSCH	汽车 德国高速磁悬浮列车
工业以太网	成本低，开放性好，带宽高	庞巴迪	德国区域性列车

11.1.3 列车网络控制系统分类及发展

1. 列车网络控制技术的发展

1）Siemens 公司的 SIBAS 系统

德国 Siemens 公司早在 1981 年就研制出了相应的微机控制系统，并命名为 SIBAS-16，首次应用在纽伦堡交通运输管理局地铁车辆上。

20 世纪 90 年代，列车通信网络国际标准还在制定当中，Siemens 公司就推出了 SIBAS-32 系统，这是一种多功能通用计算机系统。系统采用网络通信技术，外围设备已经开始标准化、专用化、智能化，基本上可在保持硬件结构不变的情况下便捷地与任意终端相挂接，构成一个对各种机车车辆移植性很好的控制与监控系统。

2）Adtranz 公司的 MICAS 系统

MICAS 系统的出现是在 20 世纪 80 年代。瑞士布朗·勃法瑞公司（BBC）最早研发的 MICAS 系统是应用于运输部门的微型计算机自动控制系统，能理想地实现机动车与船只等场合的控制功能。

1988 年瑞典的阿西亚公司（ASEA）和瑞士的布朗·勃法瑞公司（BBC）合并而成 ABB 集团。此后，ABB 旗下的 Adtranz 公司在 MICAS 牵引控制系统基础上开发出了 MICAS2，并于 1992 年第一次成功运用在瑞士 Re460 型变流机车上。

2001 年 4 月，Bombardier 公司从 Daimler Chrysler 手中将其子公司 Adtranz 收购。Bombardier 公司对 MITRAC 系统继续不断改进，并按照不同客户需求加以系列化，如今该系统有 MITRAC500 系列、1000 系列和 3000 系列等。

3）TCN 标准制定

1988 年，以制定应用于铁道车辆、能使铁道车辆相互联挂的开放性通信系统标准为目的，WG22 成立。1992 年 6 月，TC9/WG22 制定出委员会草案，并向各国征求列车通信网络

TCN 草案的意见稿。1994 年 5 月至 1995 年 9 月，欧洲铁路研究所（ERRI）在瑞士进行了全面的 TCN 试验。经过多年的努力，WG22 在 Siemens 和 Adtranz 公司原有技术方案的基础上，共同开发出了一套标准，并于 1999 年成为国际标准，即 IEC613751 TCN 列车通信网络国际标准。

2. 我国列车网络控制技术的发展

我国用于控制数据传输的列车通信网络开发源自 20 世纪 80 年代中期。株洲电力机车研究所开发了基于 RS485 以及 FSK 的通信设备并实现列车的重联控制，将其应用于出口伊朗的列车控制系统中。

株洲电力机车研究所也于 2002 年开始了基于 TCN 技术的分布式网络通信和控制系统（DTECS）的研制工作。目前，DTECS 系统已经大批量应用到 HX_D1C、HX_D3C 等电力机车以及深圳、沈阳、上海、重庆、广州、北京等城轨列车中。

3. 列车网络控制技术的类型

1）SIBAS 系统

SIBAS 系统是德国 Siemens 公司提供的列车控制系统，能够实现列车牵引系统控制、信息传输、运行监控和诊断等全部控制任务。SIBAS 系统目前有 SIBAS – 16 和 SIBAS – 32 两个系列，主要运用到我国早期的西门子进口城市轨道交通地铁车辆中，如上海地铁 1、2 号线车辆使用的 SIBAS – 16 控制系统；广州地铁 1 号线车辆使用的 SIBAS – 32 控制系统。其系列产品如图 11 – 2 所示。

图 11 – 2　SIBAS 系列产品

2) MITRAC 系统

MITRAC 系统是 Bombardier（庞巴迪）公司的系列产品（见图 11-3），其中包括 MITRAC TC（IGBT 牵引逆变器）、MITRAC CC（列车控制系统）、MITRAC AU（辅助逆变器）和 MITRAC DR（牵引驱动器）。Bombardier 公司为了适应不同用户，推出了 MITRAC 500 系、1000 系和 3000 系。500 系主要用于城际有轨列车，1000 系主要用于高速及地铁列车（它具有良好的适应恶劣环境的性能），3000 系主要用于大功率机车。在广州地铁 2 号线、深圳地铁 1 号线一期庞巴迪地铁车辆中就使用了该系统。

图 11-3 MITRAC 系统系列产品

MITRAC 列车控制通信系统的核心是 TCN（列车通信网络）标准，列车上所有 MITRAC CC 器件都连在一个网络上，从而可以交换程序和诊断数据，很容易增加新的设备。在 MITRAC 中没有控制柜和机箱，而是各个控制单元或 I/O 单元均自成一体封装在一个具有较好的电池兼容性能的机壳中。每个壳体均有自己的电源和车辆总线接口。

3) AGATE 系统

AGATE 系统是 Alstom 公司开发的列车控制系统（见图 11-4）。AGATE 系统主要由 AGATE Link（列车监控）、AGATE Aux（辅助控制）、AGATE Traction（牵引控制）和 AGATE e-Media（乘客信息系统）4 个部分组成。AGATE 系统的控制网络 WorldFip 总线是从 Fip 总线发展而来的。AGATE 系统采用 WorldFip 总线完整地实现了列车控制的所有功能。在南京地铁 1 号线车辆中就使用 AGATE 控制系统。

图 11-4 AGATE 系统

4）DTECS系统

时代电气是株洲电力机车研究所专为轨道车辆的列车控制和通信而设计的一套车载计算机系统，它控制并监视整个列车。它包括车载硬件、操作系统、控制软件、诊断软件、监视软件和维护工具。

DTECS是一个分布式控制系统，它分布于整个列车的各个智能单元（见图11－5）。这种系统最大和最重要的优点是：显著减少各箱柜之间的连线，并方便将来对系统功能的扩展。

图11－5　DTECS系统

【课后练习】

一、填空题

1. 列车网络控制系统从结构上可以分为三级：第一级为_____，第二级为_____，第三级为_____。

2. 列车网络控制技术的类型包括_____、_____、_____、_____四种类型。

二、简答题

简述列车网络控制系统的特点。

单元 11.2 列车网络控制系统应用

【学习目标】

（1）熟悉 SFM13 列车控制及监控系统拓扑结构；
（2）能解读 SFM13 列车控制及监控系统功能。

【学习引入】

列车控制网络主要实现对列车关键设备运行状态的监视，并根据需要对设备进行远程控制。列车控制网络是如何对列车进行运行控制、状态监测、故障检测与诊断以及旅客信息服务的呢？下面以北京地铁 SFM13 列车为例，来说明列车网络控制系统的应用。

11.2.1 系统说明

列车采用四动二拖六辆编组，每列车包含冗余的列车总线控制系统，其中车辆控制模块 VCM（CCU）位于 Tc 车。与运行及安全有关的控制除由列车通信网络进行外，还设有其他形式的冗余措施。采用轨道行业广泛使用的 TCN 列车控制网络，总线系统由 MVB 列车级总线和 MVB 车辆级总线组成，列车级、车辆级均为双通道冗余总线，车辆控制模块采用热备冗余方式，列车关键部分的功能设有列车硬连线，保证在列车控制及监控系统故障情况下列车还具有以下功能：

（1）紧急运行能力（牵引制动控制用列车硬连线）；
（2）辅助电源供电能力（辅助电源控制列车线）；
（3）空调运行能力（空调控制列车线）；
（4）列车的开关门功能（开关门列车线）；
（5）列车广播（广播列车线）；

按照不同的功能与硬件配置分为两种车型：带司机室的拖车 Tc，动车 M。不同车型由数量不同的车辆控制模块（VCM）、人机接口单元（MMI）、事件记录模块（ERM）、数字量输入输出模块（DXM）、数字量输入模块（DIM）、数字量输入模块（DIM/C 针对三菱设备使用）、RS485 通信模块（RCM）、模拟量输入输出模块（AXM/C）及总线耦合模块

（BCM）、HDLC 通信模块（HCM）等组成。

列车控制及监控系统拓扑结构如图 11-6 所示。各功能模块明细见表 11-2。

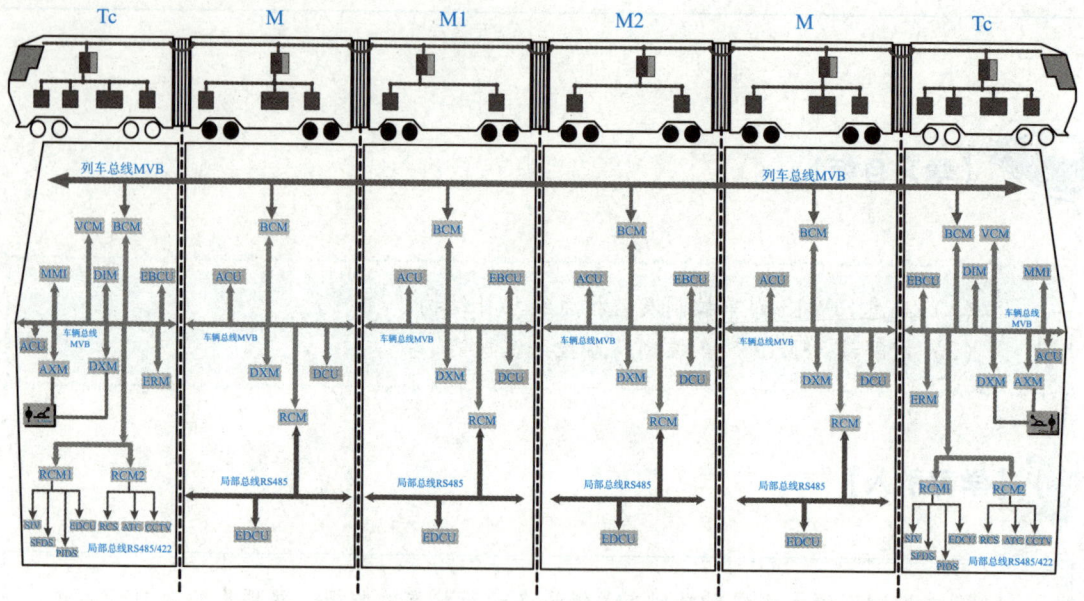

图 11-6　列车控制及监控系统拓扑结构

表 11-2　各功能模块明细表

简称	英文全称	中文全称
ATC	Automatic Train Control	列车自动控制
ATO	Automatic Train Operation	列车自动运行
ATP	Automatic Train Protection	列车自动保护
VCM（CCU）	Vehicle Control Module	车辆控制模块（中央控制单元）
BCM	Bus Couple Module	总线耦合模块
AXM	Analog Input/Output Mixed Module	模拟量输入/输出模块
EBCU/ECU	Electronic Brake Control Unit	电子制动控制单元
DCU	Drive Control Unit	牵引控制单元
DDS	Diagnostic Data Set	诊断数据库
DTECS	Distributed Train Electronic Control System	分布式电子列车控制系统
DXM	Digital Input/Output Mixed Module	数字量输入/输出模块
DIM	Digital Input Module	数字量输入模块
EDCU	Electronic Door Control Unit	电子车门控制单元
ERM	Event Record Module	事件记录仪
ESD+	Electronic Short Distance Plus	增强电气短距离
MMI（VDU）	Man Machine Interface	人机接口单元

续表

简称	英文全称	中文全称
LCD	Liquid Crystal Display	液晶显示屏
M	Motor Vehicle	动力车
MVB	Multifunction Vehicle Bus	多功能车辆总线
PIS/PIDS	Passenger Information System	旅客信息系统
ACU	Air Commmunication Unit	空调控制单元
PTU	Pocket Test Unit	便携式维护工具
RCM	RS485 Communication Module	RS485 通信模块
RCS	Radio Control System	无线电系统
SIV	Static Inverter	辅助变流器
SFDS	Smoke&Fire Detection System	烟火报警系统
Tc	Trailer with Cabin	带司机室的拖车
TCMS	Train Control and Monitor System	列车控制及监控系统
TCN	Train Communication Network	列车通信网络
USB	Universal Serial Bus	通用串行总线

11.2.2 功能介绍

1. 控制功能

综合车辆运行工况及各设备的工作状态，对车辆进行控制是 TCMS 的主要功能之一，根据系统设计需求，主要完成以下控制功能：

（1）牵引制动控制与模式选择；
（2）操作端和方向控制；
（3）紧急牵引控制；
（4）高速断路器 HB 控制；
（5）空电联合制动控制；
（6）牵引联锁控制；
（7）空调启动控制；
（8）扩展供电控制。

2. 监视功能

（1）车辆的监视功能由智能显示器（MMI）完成。
（2）每列车配有两个 MMI，分别安装于两个 Tc 车的司机控制台上。对司机和检修人员提供其所需的必要信息。
（3）MMI 提供两种用户模式：运行模式和检修模式。
（4）运行模式可以为司机提供列车运行的关键信息，以及各设备的主要运行状态。
（5）检修模式主要为列车检修人员提供列车参数设定、故障下载、软件更新以及各系统设备参数查询等功能。

3. 诊断功能

车载故障诊断系统 DDS 是 TCMS 的一个重要组成部分，完成车载各部件故障数据的采集、分析、转储和显示功能。故障信息在司机台上通过 MMI 显示，并且通过 PTU 上传到地面维修和服务系统中，供长期的储存和深入的地面分析。

TCMS 的诊断功能可以协助司机和检修人员进行工作。当故障发生时，协助司机采取适当的操作，并使维护人员更容易地查找并解决故障。

如果列车发生故障，将以纯文本信息在 MMI 上显示给司机。每条纯文本信息都分配有故障代码，根据不同的故障类别进行故障评估。故障类别和纯文本信息显示在显示器的界面上。此外，司机可以从 MMI 上获得所必须实施操作的指导说明。

11.2.3 单元模块功能说明

1. 车辆控制模块 VCM

每列车装有 2 个车辆控制模块 VCM，分别位于两节 Tc 车内，车辆控制模块 VCM 通过 MVB 总线与其他设备通信。

车辆控制模块 VCM 是列车控制和诊断系统的核心，具备如下功能：

（1）列车/车辆级过程控制：执行诸如牵引/制动控制、空电联合控制、空调启动等一系列控制功能；

（2）通信管理：具有多功能车辆总线 MVB 的管理能力，并且能够进行被动的主权转移功能；

（3）显示控制：与人机接口装置 MMI 显示有关的数据传输；

（4）故障诊断：状态数据、故障数据的采集处理，并通过 MMI 报告司机。

2. 事件记录仪模块 ERM

每列车装有 2 个事件记录仪模块 ERM，分别位于两节 Tc 车内，ERM 通过多功能车辆总线 MVB 与其他设备通信。

ERM 是数据转储的关键部件，具备如下功能：

（1）数据记录：司机操作数据、故障数据、事件数据的记录，将 VCM 的故障数据具体化；

（2）数据转存：通过车载信息网（工业以太网）将记录的数据下载，供便携式维护工具分析。

3. 总线耦合模块 BCM

每列车装有 6 个总线耦合模块 BCM，分别安装于每节车中（每节车 1 个），总线耦合模块 BCM 将一个车辆单元的智能设备通过 MVB 总线连接到列车通信网。

4. 数字量输入输出模块 DXM

每列车装有 6 个数字量输入输出模块 DXM，分别安装于各节车辆中，DXM 通过多功能车辆总线与其他设备通信。

DXM 实现数字量信号的采集输入和控制输出，具备如下功能：

（1）输入信号采集：将车辆间电气信号转换成控制信号，经由列车控制网络传送给 VCM，完成各种控制功能。

（2）控制信号输出：将网络控制信号转换成电气信号，控制诸如指示灯、继电器等设备。

（3）设备地址输入：通过外部跳线配置设备地址，维护简单。

5. 数字量输入模块 DIM

每列车装有 4 个数字量输入模块 DIM，分别安装在两节 Tc 车中，DIM 通过多功能车辆总线 MVB 与其他设备通信。

DIM 实现数字量信号的采集输入，具备如下功能：

（1）输入信号采集：将车辆间电气信号转换成控制信号，经由列车控制网络传送给 VCM，完成各种控制功能。

（2）设备地址输入：通过外部跳线配置设备地址，维护简单。

6. 数字量输入模块 DIM/C

数字量输入模块 DIM/C 为针对三菱设备而更改的模块，可通过多功能车辆总线 MVBESD+ 与其他设备通信。

DIM/C 实现数字量信号的采集输入，具备如下功能：

（1）输入信号采集：将车辆间电气信号转换成控制信号，经由列车控制网络传送给 VCM，完成各种控制功能。

（2）设备地址输入：通过外部跳线配置设备地址，维护简单。

7. 模拟量输入输出模块 AXM/C

每列车装有 2 个模拟量输入输出模块 AXM/C，分别安装在两节 Tc 车中，AXM/C 通过多功能车辆总线与其他设备通信。

AXM/C 实现模拟量信号的采集输入和控制输出，具备如下功能：

（1）输入信号采集：将车辆间电气信号转换成控制信号，经由列车控制网络传送给 VCM，完成各种控制功能。

（2）控制信号输出：将网络控制信号转换成电气信号，控制诸如仪表等设备。

8. 显示器 MMI

每列车装有 2 个显示器 MMI，分别安装在两节 Tc 车中，MMI 通过多功能车辆总线与其他设备通信。

MMI 是 TCMS 的显示终端设备，是司机和维护人员操作机车的窗口，具备如下功能：

（1）信息显示：向车辆驾驶人员和维护人员提供车辆综合信息、各设备的工作状态、故障信息的综合与处理等功能。

（2）参数设定：对轮径值、列车重量、站点、时间日期等参数进行更改与设定。

（3）功能测试：进行列车运行时加速度、减速度、制动距离等基本参数的测试。

（4）数据转储：通过 USB 接口，将故障信息转储地面进行统计、分析。

9. RS485 通信模块 RCM

RS485 通信模块 RCM 实现 RS485 通信接口和车辆总线 MVB 通信接口的转换，将不具有 MVB 通信接口的设备连接到 MVB 网络上。

10. HDLC 通信模块 HCM

HDLC 通信模块 HCM 实现 HDLC 通信接口和车辆总线 MVB 通信接口的转换，将不具有 MVB 通信接口的设备连接到 MVB 网络上。

【课后练习】

简答题

1. SFM13 列车控制及监控系统所具有的功能。
2. 解读 SFM13 列车控制及监控系统拓扑图。

【实训考核】

实训任务	城市轨道交通列车网络控制系统认知		
实训目标	（1）正确绘制 SFM13 列车控制及监控系统拓扑图； （2）能正确描述 SFM13 列车控制及监控系统各部分名称及作用； （3）能正确解读 SFM13 列车控制及监控系统功能。		
实训材料及准备	城市轨道交通车辆或相关实训设备		
班级		姓名	
学习小组		时间	
实训过程			

（1）分组练习、组内讨论；
（2）绘制 SFM13 列车控制及监控系统拓扑图；
（3）解读 SFM13 列车控制及监控系统功能；
（4）对照实训车辆或相关设备描述 SFM13 列车控制及监控系统各部分名称及作用；
（5）组内考核，教师分组考核。

续表

指导教师打分及评语：

指导教师签字： 日期： 年 月 日

参 考 文 献

[1] 吕刚. 城市轨道交通车辆概论 [M]. 北京：北京交通大学出版社，2011.
[2] 曾青中，韩增盛. 城市轨道交通车辆 [M]. 成都：西南交通大学出版社，2007.
[3] 李伟，王珂. 城市轨道交通车辆构造 [M]. 北京：机械工业出版社，2017.
[4] 华平，唐春林. 城市轨道交通车辆电气控制 [M]. 北京：机械工业出版社，2016.
[5] 阳东，卢桂云. 城市轨道交通车辆检修 [M]. 北京：机械工业出版社，2012.
[6] 连苏宁. 城市轨道交通车辆构造 [M]. 北京：机械工业出版社，2011.
[7] 刘柱军. 城市轨道交通车辆构造 [M]. 北京：人民交通出版社，2013.
[8] 宋朝斌，蒋晓东. 深圳地铁龙岗线车辆的牵引电气系统 [J]. 电力机车与城轨车辆，2010，33（1）：18-21.
[9] 张琦. 城市轨道交通车辆电气设备运行与维修 [M]. 重庆：重庆大学出版社，2015.
[10] 唐春林，陈春棉. 城市轨道交通列车辅助供电系统分析 [J]. 电气开关，2008，46（1）：12-15.